रसखान रत्नावली

इस श्रृंखला की पुस्तकें

रसखान रत्नावली

सं. राघव 'रघु'

प्रभात
प्रकाशन

प्रकाशक

प्रभात प्रकाशन प्रा. लि.

4/19 आसफ अली रोड, नई दिल्ली–110002

फोन : 23289777 • हेल्पलाइन नं. : 7827007777

इ–मेल : prabhatbooks@gmail.com ❖ वेब ठिकाना : www.prabhatbooks.com

संस्करण

2025

मूल्य

तीन सौ रुपए

मुद्रक

नरुला प्रिंटर्स, दिल्ली

★

RASKHAN RATNAWALI

Ed. Raghav 'Raghu'

Published by **PRABHAT PRAKASHAN PVT. LTD.**
4/19 Asaf Ali Road, New Delhi-110002
by arrangement with Hay House Publishers (India) Pvt. Ltd.

ISBN 978-93-5048-041-0

₹ 300.00

अपनी बात

भक्ति कवियों की श्रेणी में रसखान का अनन्य स्थान है। उनका पूरा काव्य भगवान् कृष्ण को अर्पित है, जिन्हें वे अपना सखा, पथ-प्रदर्शक, आराध्य और मुक्तिदाता मानते हैं।

रसखान ने अपनी रचनाएँ श्रीकृष्ण को केंद्र में रखकर लिखीं और मानो उनका प्रत्येक शब्द भेंट के रूप में उन्हें समर्पित कर दिया। काव्य-सृजन में उन्होंने न तो किसी विशेष परंपरा का अनुसरण किया, न ही अपनी परंपराएँ किसी पर थोपीं। उन्होंने तो अपने काव्य को मानो नदी की धारा को सौंप दिया और हवा के बहाव के साथ-साथ वह स्वतः ही अपने गंतव्य की ओर प्रशस्त होता रहा और अंततोगत्वा महासागर जैसा विशाल, समृद्ध एवं विशिष्ट हो गया।

उनके काव्य में श्रृंगार रस कूट-कूटकर भरा है। इसमें संयोग और वियोग दोनों रसों के विलक्षण दर्शन होते हैं। कहीं गोप-भाव से तो कहीं गोपी-भाव से उन्होंने अपने आराध्य भगवान् श्रीकृष्ण के साथ काव्य-रास किया है।

उनके काव्य में कृष्ण को अनेक स्थानों पर 'हरि' भी कहा गया है। कुछ पदों में भगवान् शिव एवं गंगा का यशोगान है। कुल मिलाकर रसखान का पूरा काव्य प्रेमिका को लिखा गया 'प्रेमपत्र' है, जिसमें प्रेमी वे स्वयं हैं और उनकी प्रेमिका हैं श्रीकृष्ण। इसलिए यह काव्य-प्रेम को समर्पित एक मार्मिक प्रस्तुति है, जो अपने आप में असाधारण, विलक्षण और अनन्य है।

प्रस्तुत पुस्तक में उन्हीं रसखान का जीवन-परिचय एवं काव्य-रचनाओं का सार-संक्षेप दिया गया है। विभिन्न स्रोतों से जुटाई गई विषय-सामग्री के

लिए हम ज्ञात-अज्ञात समस्त स्रोतों का आभार व्यक्त करते हैं। विषय-सामग्री को त्रुटिहीन बनाने में पूरी सावधानी बरती गई है, तथापि सुधी पाठक जहाँ संशोधन अपरिहार्य समझें, अवश्य अवगत कराएँ।

विषय-सूची

1

रसखान और भक्त कवि-परंपरा

भारत में महान् भक्त कवियों की एक लंबी परंपरा है। सूर, तुलसी, रहीम की महान् परंपरा के संवाहक कवि रसखान ने श्रीकृष्ण भक्ति से ओत-प्रोत, अलौकिक और अद्‌भुत कविताओं की रचना की; निश्चित ही वे रचनाएँ काल की सीमाओं से बाँधी नहीं जा सकतीं। यह विशेष ध्यान देने योग्य है कि हिंदी साहित्य के स्वर्ण युग भक्ति काल और उसके सर्वाधिक विशिष्ट चिह्न सगुण भक्ति शाखा में हिंदुओं के समान ही मुसलमान कवियों ने भी प्रचुर भक्ति साहित्य का सृजन किया।

सच तो यह है कि प्रेम धर्म और संप्रदाय की सीमा से बद्ध नहीं हो सकता और वह भी तब जब वह प्रेम साक्षात् उस चरम तत्त्व से हो, जो जीवन के कण-कण में समाहित है। अगर इस काव्य परंपरा में सूफी कवियों की तुलना में रसखान की कविताओं को तौला जाए, जो रसखान जैसे भक्त-कवि द्वारा हिंदू धर्म में स्वीकृत अवतार श्रीकृष्ण के व्यक्तित्व और लीला का वर्णन निस्संदेह अपूर्व आनंददायक है। रसखान का काव्य काव्यगत दृष्टिकोण से भी पूर्णतया अनुशीलित है, जिसकी सराहना इतिहासकारों एवं आलोचकों ने मुक्त कंठ से की है; परंतु उससे भी बड़ी बात यह है कि रसखान की कविताएँ मात्र छंदबद्ध पंक्तियों में श्रीकृष्ण का लीला-गान नहीं है, बल्कि उनकी कविताओं में एक तड़प है, एक पुकार है, जो अपने प्रेमी को पुकारता हुआ उसे पाने की तड़प लिये हुए भटक रहा है।

रसखान की भक्ति श्रीकृष्ण के लिए एक प्रेमिका की अपने प्रेमी के प्रति प्रेम-भाव की भक्ति थी। उन्होंने नटवर को अपने प्रियतम के रूप में देखा और उसी रूप में अपनी भक्ति की सीमाओं को विस्तारित किया।

रसखान के काव्य का आधार मात्र श्रीकृष्ण की निकटता है। उनकी इच्छा मात्र अपने प्रियतम का निकट सामीप्य प्राप्त करने की है। रसखान के काव्य में यह स्पष्ट रूप से देखा जा सकता है कि उन्होंने श्रीकृष्ण की लीलाओं का वर्णन करते हुए किसी विशिष्ट परंपरा का अनुसरण नहीं किया है। रसखान की दृष्टि में उनके प्रभु की संपूर्ण लीलाएँ रसमयी और आनंदमयी हैं। लीला गान करते हुए भी वे पुष्टि मार्गी या वैष्णव नहीं हैं। वे प्रेम के स्वच्छंद गायक हैं। उनकी कविता किसी लीक पर चलती दिखाई नहीं देती, बल्कि किसी गायिका से अठखेलियाँ करती, लहराती चुनरी की भाँति निर्द्वंद्व हैं।

उनके काव्य में श्रीकृष्ण की अनेक लीलाओं के दर्शन होते हैं; परंतु ये लीलाएँ किसी अद्‌भुत-अलौकिक अतिमानव की अपेक्षा साधारण मानव की श्रृंगार क्रीड़ा के समान प्रतीत होती हैं। कहीं-कहीं आध्यात्मिक झलक भी मिल जाती है, परंतु वह आध्यात्मिकता की जटिलता के आवरण में लिपटी होने के बजाय एक आत्मा के सरल प्रेम के रूप में ही अभिव्यक्त होती है।

रसखान ने अपनी कविताओं में बाल लीला, गोचारण लीला, रास लीला आदि श्रीकृष्ण की तमाम अद्‌भुत लीलाओं के दर्शन करवाए हैं, परंतु उनकी रुचि लीला गान में अधिक नहीं रमती। उन्होंने अपनी सभी कविताओं में कृष्ण के श्रृंगारी पुरुष के रूप को ही अधिक देखा है। वे सूरदास की भाँति अनन्य भाव से श्रीकृष्ण के प्रति समर्पण नहीं करते। सूरदास ने जिस भक्ति-भावना से हरि-लीला का गान किया, रसखान के काव्य में उसका अभाव है, इसके बजाय उनकी कविताओं में एक प्रेमी की मनुहार है। जैसे-

बाँकी धरैं कलगी सिर ऊपर बाँसुरी-तान कटै रस बीर के।
कुंडल कान लसैं रसखानि बिलोकन तीर अनंग तुनीर के।।
डारि ठगौरी गयौ चित चोरि लिये हैं सबैं सुख सोखि सरीर के।
जात चलावन मो अबला यह कौन कला है भला वे अहीर के।।

रसखान की कविता का उद्देश्य कृष्ण विषयक रागात्मक वृत्ति की अभिव्यक्ति और कृष्ण का विविध रूपों में चित्रण करना है। विभिन्न वृत्तियों के हृदयस्पर्शी उपचय और लीलाओं की प्रभावशीलता के लिए उद्दीपनकारी वातावरण की सृष्टि अनिवार्य है। आलंबन के कारण जाग्रत् भाव उद्दीपन विद्याओं के अभाव में रागात्मक नहीं हो सकता। कृष्ण के चित्रण को हृदयग्राही रूप देने के लिए उनकी चेष्टाओं, उनकी लीलाओं को सरस बनानेवाले वातावरण आदि का चित्रण अपेक्षित है। बाँसुरी का उनकी क्रीड़ाओं से महत्त्वपूर्ण संबंध है। मधुबन उनका क्रीड़ांगन है, गोपी भाव से महारास में स्वयं को सम्मिलित करना ही एकमात्र आकांक्षा है।

रसखान का भक्ति काव्य जीवन की सरस धारा है, जहाँ बस प्रेम है, मिलन व विरह दोनों का भाव ही उद्दीपन है, जैसे–

काह कहूँ रतियाँ की कथा बतियाँ कहि आवत है न कछू री।
आइ गोपाल लियो करि अंक कियो मन कायो दियौ रसबूरी।।
ता ही दिना सो गड़ीं अँखियाँ रसखानि मेरे अँग-अंग में पूरी।
पै न दिखाई परै अब बावरी है के बियोग बिधा की मजूरी।।

रात की कथा क्या कहूँ, कोई बात ही नहीं आती। गोपाल ने आकर मुझे अपने अंक (गोद) में भर लिया और अपनी मनमानी करने लगे। उसी दिन से मेरे अंग-अंग में उनकी नजरें गड़ी हुई हैं, परंतु सबकुछ व्यर्थ ही है, क्योंकि उसके बाद वह दिखाई नहीं पड़ते।

रसखान ने तुलसी की भाँति न तो मर्यादा की रेखा खींची और न ही अपने काव्य को; अपने अंत:भावों को सीमाबद्ध किया। वे ईश-प्रेम में मुक्त हैं। उनका प्रेम उन्हें बाँधता नहीं, मुक्त करता है और उनकी यही मुक्ति उनकी कविताओं का आधार है। रसखान भक्ति काव्य इसलिए भी अन्यतम है, क्योंकि उसमें भक्ति भावना के साथ-साथ शृंगार-सौंदर्य, उद्दीपन आदि श्रेष्ठ कविता के सभी अंग अपनी संपूर्ण समृद्धि के साथ विद्यमान हैं।

2

जीवन-मृत्यु

हरदोई जिले में एक गाँव है—पिहानी। प्राकृतिक सुषमा से परिपूर्ण इस गाँव में उत्तम कोटि के अनेक मुसलमान कवियों एवं शायरों ने जन्म लिया है। इसी पिहानी में लगभग संवत् 1615 में रसखान का जन्म हुआ था। रसखान के जन्म-स्थान एवं संवत् के बारे में काफी मतभेद हैं। कुछ इतिहासकार उनका जन्म दिल्ली में भी मानते हैं; परंतु शोधों एवं अनेक प्रमाणों के आधार पर यह सिद्ध हो चुका है कि रसखान का जन्म पिहानी में हुआ था। उनके पिता के नाम का तो कहीं स्पष्ट रूप से उल्लेख नहीं मिलता, परंतु यह जरूर स्पष्ट होता है कि वे काफी संपन्न परिवार में जनमे थे। उनके पिता संभवतः जागीरदार थे उनका लालन-पालन काफी लाड़-प्यार में हुआ था। शायद यही कारण है कि उनकी कविताओं में एक विशेष प्रकार की सरलता मिलती है। अगर उनको पारिवारिक वातावरण से कटुता मिली होती तो निश्चित रूप से उनकी कविताओं में कहीं-न-कहीं उस कटुता की झलक मिल जाती।

बचपन से ही रसखान का जीवन सरस तथा माधुर्य से आप्लावित रहा। संपन्न परिवार में जन्म लेने के कारण परिवार ने उनकी शिक्षा-दीक्षा पर काफी ध्यान दिया और थोड़े समय में ही वे हिंदी, संस्कृत एवं फारसी के अच्छे ज्ञाता हो गए। उनकी विद्वत्ता का दर्शन उनके काव्य की साधिकार अभिव्यक्ति में होता है।

यद्यपि रसखान के विद्यालय में जाकर शिक्षा ग्रहण करने का उल्लेख

कहीं नहीं मिलता। शायद समृद्धिशाली होने के कारण उनके पिता ने उनकी शिक्षा के लिए पंडित एवं मौलवी की व्यवस्था घर पर ही कर दी थी।

रसखान का वास्तविक नाम 'सैयद इब्राहीम' था और 'खान' उनकी परंपरागत उपाधि। रसखान नाम उनके काव्य-रचना प्रारंभ करने के बाद ही प्रचलित हुआ।

सैयद इब्राहीम बचपन से ही कविताओं की सरलता में डूबे रहते थे। बार-बार घर की प्रताड़ना के बाद भी इब्राहीम अपनी मित्र-मंडली के साथ अपने रचना-संसार में डूबे रहते थे। काव्य के प्रति इसी दीवानगी ने अंततः उन्हें काव्य-संसार के उस फलक पर स्थापित कर दिया, जहाँ आज भी वे ध्रुव तारे की भाँति प्रदीप्त हैं।

दिल्ली और रसखान

युवा होने पर रसखान परिवार के साथ दिल्ली चले आए। संभवतः उनका संबंध दिल्ली के राजघराने के साथ भी था। उनकी कविताओं से अनुमान लगाया जा सकता है कि वे दिल्ली के राजघराने से संबंध रखंते थे–

देखि गद रहित साहिबी, दिल्ली नगर पलाग।
छिनहीं बादशाह वंश की, ठसक छौरि रसखान।।

रसखान के इस दोहे से पता चलता है कि वे बादशाह वंश के थे; या यह भी हो सकता है कि बादशाह ने उनके पिता को जागीर देकर दिल्ली में बसा दिया हो, परन्तु यह तो स्पष्ट है ही कि उनका बादशाही वंश के साथ कुछ-न-कुछ संबंध अवश्य था।

इस संदर्भ में इतिहासकारों का मानना है कि जिला हरदोई सैयदों की बस्ती थी। वहाँ सैयदों को 'खाँ' की उपाधि मिली, इसका साक्षी बिलग्राम (जिला हरदोई) का इतिहास है। वहाँ के सैयद वंशी परंपरा से आई 'खान' की उपाधि को आज तक ढो रहे हैं। इतिहासकारों के अनुसार शेरशाह सूरी का पीछा करने पर हुमायूँ को कन्नौज के काजी सैयद अब्दुल गफूर ने

आश्रय दिया। कालांतर में अपने दिन अच्छे होने पर अपनी कृतज्ञता का प्रकाशन करते हुए उसे हुमायूँ ने हरदोई जिले की तहसील शाहबाद, परगना पिंडरावा में 5,000 बीघे का जंगल और पाँच गाँव दिए। पिहानी की बस्ती इन्हीं गाँवों से आबाद हुई।

स्वाभाविक तौर पर इन गाँवों के साथ हुमायूँ ने सैयद अब्दुल गफूर को 'खान' की उपाधि दी और सैयद अब्दुल गफूर पिहानी में ही रहने लगे। सैयद इब्राहीम रसखान इनके ही वंश के थे। हुमायूँ की मृत्यु के बाद अकबर का भी इस स्थान के प्रति मोह बना रहा और रसखान का परिवार राजवंश के साथ जुड़ा रहा। यह जुड़ाव ही रसखान के दिल्ली आने का कारण बना।

परंतु रसखान को दिल्ली में रहना मंजूर नहीं था। भाग्य उन्हें मथुरा की तरफ ले जाने को उतावला था। हालाँकि दिल्ली शुरुआत में रसखान को खूब रास आई और अपने जीवन के श्रृंगारिक पक्षों को उन्होंने दिल्ली में जीया; परंतु भाग्य के आगे किसका जोर चलता है और एक दिन उनका दिल दिल्ली से टूट गया।

दिल्ली से दिल टूटना

सांसारिक ऐश्वर्य की अवहेलना एवं सुखों के प्रति उदासीनता बरतनेवाले कवि तथा साहित्यकार स्वांत:सुखाय एवं अपने मन की जलन को शांत करने के लिए ही काव्य-कामिनी को सुसज्जित करते रहे हैं। निश्चित रूप से रसखान भी इसके अपवाद नहीं थे। उनका प्राथमिक जीवन अतीत के गहन अंधकार से आच्छादित है। इसलिए यह कहना कि यही पूर्ण सत्य है, ज्यादा प्रासंगिक नहीं होगा, परंतु यह तो निश्चित ही है कि उनका प्राथमिक जीवन सुखमय तथा भौतिक प्रेम से भरा था।

उस समय का समाज और मूलत: राजाओं व जागीरदारों का समाज भौतिक प्रेम तथा वासना से भरा हुआ था। रसखान भी धीरे-धीरे दिल्ली के रजवाड़ों के समाज में उतरकर भौतिक प्रेम की तरफ बढ़ते गए। परंतु ईश्वर तो उनके अंदर कुछ और तलाश कर रहा था। इसलिए कविता-रचना

और संगीत के प्रति उनके प्रेम ने उन्हें सांसारिक प्रेम से बाहर निकलकर अन्य संगतियों को जानने के लिए उकसाया। अपनी इसी व्याकुलता में वे एक वैष्णव मंडली में जा पहुँचे और धीरे-धीरे उस संगति से उनकी जमने लगी। एक दिन उस वैष्णव मंडली में भी रसखान के इस भौतिक प्रेम और चरम आसक्ति का वर्णन होने लगा। वैष्णवों ने हँसते-हँसते कहा, "इब्राहीम, जितना प्रेम तुम हाड़-मांस के इस भौतिक शरीर से करते हो, यदि तुम इतना ही प्रेम उस चरमानंद भगवान् श्रीकृष्ण से करो तो तुम्हारी मुक्ति हो जाएगी।"

रसखान को लगा जैसे उनके अंदर चल रही मथनी रुकने लगी थी। उन्होंने उन वैष्णवों से पूछा, "किंतु भगवान् हैं कहाँ? जिसे देखा नहीं, जो नयनों में नहीं, उससे प्यार करें तो कैसे?"

वैष्णवों ने उन्हें भगवान् श्रीकृष्ण का चित्र दिया और कहा, "आज भी ये ब्रज की गलियों में रास रचाते हैं। यदि दिल से पुकारो तो ये एक पल भी दूर नहीं रह सकते।"

तब वा वैष्णवन की पाग में श्रीनाथजी का चित्र हतौ।
सो काठि के रसखान को दिखायो।
तब चित्र देखत ही रसखान का मन फिरि गयो।

अर्थात् तब उन वैष्णवों के हाथ में जो श्रीकृष्णजी का चित्र था, उसे निकालकर रसखान को दिखाया। चित्र देखते ही रसखान का हृदय बदल गया और वे भौतिक प्रेम से आध्यात्मिक प्रेम की तरफ चले गए।

फिर क्या था जो दिल ईश्वर की बनाई मूरत का दीवाना था, वही नूरे-खुदाई की दीवानगी से पागल हो उठा। अब दिल्ली से उनका दिल टूट गया। वहाँ की गलियाँ उन्हें फीकी लगने लगीं। यहाँ एक भी दिन बिताना उनके लिए मुश्किल हो गया। अब केवल एक ही आरजू थी; नजरों को एक ही सूरत की तलाश थी; दिल सिर्फ एक ही नाम पुकार रहा था, 'श्रीकृष्ण, श्रीकृष्ण'।

आखिरकार महबूब की सूरत आँखों में बसाए उन्होंने दिल्ली को अलविदा

कह दिया और ब्रज की गलियों में जा पहुँचे, जहाँ श्रीराधा के चरणों की धूल बिखरी पड़ी है; जहाँ हवाएँ आज भी श्रीकृष्ण व गोपियों की प्रेम-कथाएँ गुनगुनाया करती हैं।

अपने प्यारे श्रीकृष्ण का चित्र थामे वे ब्रज की गलियों में घूमने लगे। आँखों में अब सिर्फ एक ही प्यास थी—अपने प्यारे मनमोहन कृष्ण का दर्शन। दिल की बस एक ही जुस्तजू थी—अपने श्रीनाथ की तलाश।

गलियों-गलियों, मंदिर-मंदिर घूमते रसखान अंत में गोविंद कुंड पर जा बैठे। तन थककर चूर था, लेकिन मन की केवल एक ही लगन थी–कैसे भी, कहीं भी कन्हैया के दर्शन हो जाएँ! वे श्रीनाथजी के मंदिर की ओर एकटक देखने लगे। शरीर की सुध नहीं, तन की कोई इच्छा नहीं, भूख-प्यास सब जैसे तिरोहित हो गए थे। मंदिर में आरती हो रही थी। आरती के स्वरों के साथ जैसे उनके अंदर की पुकार भी सम्मिलित होकर चीख-चीखकर कह रही थी, 'घनश्याम, अब दर्शन दो, अब दर्शन दो।' आँखों से आँसुओं की बरसात हो रही थी। सारा तन जैसे आँसुओं में धुलकर पवित्र होता जा रहा था। अहंकार विगलित हो गया था और शेष अगर कुछ था तो बस उनके अंतस की पुकार।

कन्हैया को तो और चाहिए भी क्या? वे कहाँ देखते हैं कि यह कौन है? पापी है या पुण्यात्मा, अच्छा है या बुरा? उन्हें तो बस समर्पण चाहिए-आधा-अधूरा नहीं, संपूर्ण समर्पण! और जिसने उन्हें अपना संपूर्ण दे दिया, उसके लिए तो वे छिप ही नहीं सकते। उससे मिलने के लिए तो वे स्वयं ही आतुर हो उठते हैं। जिस मन में कन्हैया से मिलन की प्यास जाग उठी, उसने उन्हें पा लिया। रसखान के आँसुओं में गोलोक डूबने लगा। रसखान की पुकार गोलोक में तीव्र रूप से गूँजने लगी और कन्हैया को अपना रास छोड़कर आना पड़ा रसखान के लिए। भक्त शिरोमणि रसखान ने कान्हा को विवश कर दिया।

जैसो शिंगार वा चित्र में हतो,
तैसोई वस्त्र-आभूषण अपने श्रीहस्त में धारण किए।
गाय ग्वाल शखा सब साथ लै के आप पधारे।

श्रीनाथजी ने उसी चित्र वाला रूप बनाया, वही गहने धारण किए,

वही पीतांबर पहना और चल पड़े रसखान से मिलने। ब्रजेश्वरी ने पूछा, "प्रभु, कहाँ चले?" तो घनश्याम चिर-स्थित हास्य से बोले, "राधे, गोविंद-कुंड पर बैठा मेरा भक्त आँसू बहा रहा है। मुझे डर है कि कहीं उसके आँसुओं से गोविंद-कुंड में बाढ़ न आ जाए। उसकी अनन्य भक्ति मुझे खींच रही है। मुझे जाना ही पड़ेगा।"

रसखान की प्यासी आँखों ने अपने प्यारे का दीदार किया और उन्हें देखकर भाव-विभोर हो उठे। उनका मन-मयूर नाच उठा और वे उठकर उन्हें पकड़ने के लिए दौड़े। परंतु उस रणछोड़ को कोई कहाँ पकड़ पाया है! श्रीनाथजी अंतर्धान होकर गोकुल पधारे। वहाँ उन्होंने स्वामी श्री विट्ठलनाथ गुसाईं को सारी बात बताई और कहा कि वे उनके प्रेमी-भक्त को अपनी शरण में ले लें।

नटवर की बात सुनकर श्री गुसाईं के तन में रोमांच हो आया और आँखों से प्रेमाश्रुओं की बरसात होने लगी। वे स्वयं भी उस महान् भक्त को देखने के लिए व्याकुल हो गए, जिसके लिए स्वयं श्री राधावल्लभ कृष्णमुरारी चिंतित थे। उन्होंने निश्चय कर लिया कि वे भक्त रसखान को अपने पास रखेंगे।

श्री गुसाईंजी ने रसखान को दर्शन दिए और उन्हें अपने मंदिर में ले आए। रसखान को तो मानो सभी निधियाँ एक साथ मिल गईं। उनकी प्रसन्नता का कोई ठिकाना नहीं रहा। वे गुसाईंजी के साथ रहकर श्रीकृष्ण की लीलाओं का गान करने लगे। उन्हें गोपीभाव की सिद्धि हुई।

मंदिर में वास कर लेने और श्रीकृष्ण-भक्ति में रम जाने के बाद कई लोगों ने उन्हें बहुत समझाया-बुझाया, परंतु वे किसी भी कीमत पर वृंदावन छोड़ने को राजी नहीं हुए। अब उनका जीवन यमुना की तरल धारा की भाँति पावन और प्रवाहमान था। श्रीहरि के गुणों का गान और उन्हीं के प्रेम में दिन-रात डूबे रहना ही उनकी एकमात्र दिनचर्या थी। स्वामी श्री गुसाईंजी की उनके ऊपर असीम कृपा थी।

श्रीकृष्ण के दर्शन के बाद रसखान का जीवन पूरी तरह बदल गया था। उनकी समझ में आ गया था कि बस एक वही हैं, जो संपूर्ण हैं

और बस एक उन्हीं परम सत्ता महाप्रेमी को भजकर वास्तविक सुख और आनंद प्राप्त किया जा सकता है। लौकिक दुनिया के तमाम रास-रंग अब उनके लिए अर्थहीन हो गए थे। उनका मन अब महारास में रम गया था। सत्य-प्रेम के असीम आनंद में डूबने के बाद रसखान के लिए शेष कुछ बचा ही नहीं था। अब बस, श्रीकृष्ण-भक्ति थी और थी उनकी दीवानगी।

ब्रज में रहते हुए ही उन्होंने 'श्रीरामचरितमानस' के मूल पाठ का श्रवण किया। हालाँकि उन्होंने श्रीराम पर किसी कविता या दोहावली की रचना नहीं की, परंतु इससे यह नहीं समझना चाहिए कि वे रामचरित से अनजान थे या सुनना नहीं चाहते थे। उनका चरित्र अत्यंत ही उदार था और सच भी है, संतों के चरित्र में भेद कहाँ होता है।

धीरे-धीरे वे श्रीकृष्ण-भक्ति पर रचनाएँ लिखने लगे। उन्होंने श्रीकृष्ण के अतिरिक्त शिव, गंगा आदि पर कई छंद लिखे। श्रीराम पर छंद न लिखने का कारण शायद यही था कि उनकी दृष्टि में श्रीकृष्ण और श्रीराम एक ही ईश्वर के दो रूप थे। इसलिए जो भी वे श्रीकृष्ण के लिए लिखते, वह प्रकारांतर में श्रीराम के लिए भी हो जाता। मूल 'गुसाईंचरित' के अनुसार वे तीन वर्ष तक श्रीरामचरितमानस की कथा सुनते रहे। गुरु के प्रति उनकी भक्ति असीम थी; उनमें वे साक्षात् नारायण का दर्शन करते। गोसाईं विट्ठलनाथजी के गोलोकवास के बाद रसखान मानव दुनिया से निर्लिप्त-से हो गए और सिर्फ अपने महाप्रेमी के महारास नृत्य में खोकर स्वयं को विसर्जित कर दिया।

रसखान के संबंध में हिंदी साहित्य के विशिष्ट रचनाकारों के विचार-

भारतेंदु हरिश्चंद्र : भारतेंदुजी रसखान की कविता के अनन्य प्रेमी थे। उन्होंने 'उत्तर भक्तमाल' में रसखान को एक महान् भक्त-कवि की संज्ञा दी है।

डॉ. श्यामसुंदर दास : डॉ. श्यामसुंदर दास ने हिंदी साहित्य के इतिहास में लिखा है कि कृष्ण-भक्त कवियों के इस अभ्युत्थान काल में हम अत्यंत सरस पदों के रचयिता सच्चे प्रेम-मग्न कवि रसखान को नहीं

भूल सकते, जो ब्रज की अनुपम मधुरिमा पर मुग्ध और कृष्ण की लीलाओं पर लट्टू थे। जाति-पाँति के बहुत ऊपर शुद्ध प्रेम का जो सात्त्विक बंधन है, उसी में रसखान बँधे थे। हिंदी के मुसलमान कवियों में रसखान का स्थान बहुत ऊपर है।

अब्दुल्ला बट : अब्दुल्ला बट रसखान के शब्दार्थ में अपने विचार प्रकट करते हुए लिखते हैं कि यह बहुत बड़े शायर हुए हैं। आपने खालिस ब्रजभाषा में शायरी की है। आज की हिंदुओं की बड़ी संख्या उनके कवित्त को सुबह पूजा के वक्त पढ़ती है और इस मुसलमान के शब्द हर मंदिर और ठाकुरद्वारे में गूँजते हैं।

सैयद अमीर हसन नूरानी : सैयद अमीर हसन नूरानी ने रसखान का नाम सैयद इब्राहीम रसखान लिया है और उनकी जीवनी मिलने पर खेद प्रकट करते हुए लिखा है कि—आप हिंदी जुबान के बहुत बड़े शायर थे। जबान बहुत सख्त इस्तेमाल करते थे। उनकी कतिपय मशहूर प्रसिद्ध पुस्तकें हिंदू धर्म के लोग सुबह की पूजा में पढ़ते हैं। उनका काव्य जनसामान्य में बहुत लोकप्रिय हुआ।

गोलोक धाम-गमन

श्रीकृष्ण की भक्ति में डूबे रसखान श्रीकृष्ण माधुरी की मधुशाला में डूबे रहे और काल की गति अपने नियत वेग से धीरे-धीरे समीप आती गई। उनका जीवनकाल गोस्वामी तुलसीदासजी और गंग कवि के समय से पाँच वर्ष के हेर-फेर से मेल खाता है। अष्टछाप के चार शिष्य उनके समकालीन थे, परंतु रसखान के निधन के 30-35 वर्ष पूर्व अष्टछाप के सभी कवियों की मृत्यु हो चुकी थी। रहीम कवि रसखान से छोटे थे और तानसेन तथा बीरबल के निधन के बाद भी रसखान जीवित थे।

संवत् 1685 के आसपास इस महान् साहित्यकार, प्रेमी-भक्त और एक श्रेष्ठतम मानव का देहावसान हुआ। इनका मृत्यु-स्थान मथुरा-वृंदावन को मानना पड़ेगा। उन्होंने स्वयं भी कहा है—

प्रेम निकेतन श्रीबनहिं आई गोवर्धन धाम।
लह्यौ सरनचित चाहि के, जुगल-रस ललाम।।

श्रीकृष्ण के प्रेम निकेतन गोवर्द्धन धाम आ गया। अब मैं अपने चित्त से जुगल-स्वरूप (श्रीराधा-कृष्ण) की शरण ग्रहण करना चाहता हूँ।

इस दोहे के अनुसार रसखान गोवर्द्धन धाम के निकट रहने लगे। वहाँ उनकी मृत्यु हो गई। उनकी मृत्यु के बाद महावन में ही उनकी समाधि बनाई गई, जो आज भी 'रसखान की छतरी' के नाम से जानी जाती है।

रसखान का जीवन-चरित्र तो उदात्त था ही, उनकी मृत्यु भी श्रेष्ठतम मृत्यु थी। भक्त-कवियों की परंपरा में कृष्ण-भक्त रसखान का नाम आज भी स्वर्णाक्षरों में अंकित है।

□

3

रचना-संसार

रसखान मूलतः भक्त-कवि थे। उनका उद्‌देश्य काव्य-रचना अथवा साहित्य-सेवा करना नहीं था। वे तो श्रीकृष्ण की रूप-माधुरी में खोए किसी दीवाने की भाँति उन्हें पुकारते विभिन्न रूपों में, विभिन्न अर्थों में उनका स्तवन करते थे। उनकी पुकार मात्र अपने आराध्य श्रीकृष्ण के प्रति थी। उनके हृदय के उद्‌गार पूर्ण तल्लीनता के साथ श्रीकृष्ण का गुणगान ही प्रस्तुत करते थे। भावनाओं की इस उमंग ने शब्दों के लिए संचित स्वरूप को ग्रहण किया। उनके कंठ से जो राग-रागिनियाँ निःसृत हुईं, उन्होंने ही कवित्त, सवैयों का रूप ग्रहण कर लिया।

जब वे अपने प्रभु की याद में अपनी सुध-बुध खोकर उन्हें पुकारते हुए उनका गुणगान करते तो भक्त प्रेमीजन रसमग्न हो जाया करते थे। सुननेवालों की चेतना गुम हो जाया करती। ऐसा लगने लगता था जैसे चारों तरफ एक अदृश्य रस की भीनी-भीनी बूँदों की बरसात हो रही है। कहा जाता है कि रसखान के कवित्त और सवैयों का प्रचलन जनमानस में उनके समय में ही होने लगा था। लोग रस ले-लेकर उनके कवित्त और सवैयों को गुनगुनाते थे।

उनकी कविताओं की सरसता ने आम जनमानस को इतना विभोर किया कि उनका नाम ही रसखान (रसखान–अर्थात् रस की खान) पड़ गया। लोगों को रसखान को सुनने की आदत-सी पड़ गई। प्रेमी भक्तों ने उनके पदों को संगृहीत करना प्रारंभ कर दिया।

भावुक भक्त के कवि-हृदय ने संभवतः संख्या में बहुत अधिक पद गाए होंगे, किंतु अब उनके थोड़े ही पद प्राप्त हैं। यह साहित्य के लिए अत्यंत दुखद घटना ही कही जाएगी। परंतु जितने भी पद प्राप्त हैं, उन्हें पढ़कर आज भी हृदय रसमय हो जाता है। उन्होंने साहित्य की हर विधा, हर अंग, हर रस में अपना काव्य प्रस्तुत किया है। इस भक्त कवि को पढ़ते हुए ऐसा लगता है मानो भक्ति ही कविता में मूर्तमान हो उठी हो।

रसखान का रचना-संसार पार्थिव लोक के आवरण से लिपटा कोई छद्म मनोरंजन मात्र नहीं है, बल्कि यह भक्ति के फलक पर चित्रित उस इंद्रधनुष की भाँति है, जिसमें सभी रंग समाहित हैं, परंतु उन रंगों में पार्थिव लोक की कल्पना नहीं बल्कि दैवानुभूति है।

रसखान की रचनाएँ

रसखान की रचनाओं के संबंध में खोज भारतेंदु काल से ही होती आई है। अब तक रसखान की रचनाओं के काफी संग्रह प्रकाश में आए हैं। उनमें से कुछ प्रमुख निम्नलिखित हैं–

रसखान-शतक

रसखान के कवित्त एवं सवैयों का संभवतः यह प्रथम संकलन है। यद्यपि इसमें पदों को क्रमिक ढंग से नहीं लिखा गया है, फिर भी हिंदी जगत् में इसका महत्त्वपूर्ण स्थान है।

रसखान-पदावली

इस संग्रह में 134 पद हैं, जिनमें 'प्रेम-वाटिका' भी सम्मिलित है। इसकी भूमिका काफी प्रभावोत्पादक एवं भावपूर्ण है, जिसमें रसखान की चर्चा कम और भावुकता-निरूपण अधिक है। अन्य संग्रहों से तुलना करने पर इसमें कुछ पाठ-भेद भी मिलता है। परंतु यह संग्रहकर्ता का दोष नहीं है। लगभग सभी संग्रहकर्ताओं के संग्रह में यह अपवाद कुछ हेर-फेर के साथ मिलता है।

रसखान रचनावली

इस पुस्तक में रसखान के 120 कवित्त व सवैये हैं तथा प्रेमवारि को मिलाकर 64 दोहे हैं। किंकरजी ने पहले कवित्त, उसके बाद सवैये तथा फिर दोहे लिखे हैं। रसखान के 'श्रृंगारी पदों' को इसमें स्थान नहीं दिया गया। ऐसा शायद इस कारण से भी हो सकता है कि भक्त-कवि किंकरजी रसखान के घोर श्रृंगारी रूप को कभी स्वीकार नहीं कर सके। अन्य संग्रहों में एक पद होली का भी मिलता है, लेकिन किंकरजी ने उसे भी अपने काव्य में स्थान नहीं दिया है। एक श्रंगारी पद देखिए-

बागन काहे को जाओ पिआ घर बैठे ही बाग लगाय दिखाऊँ।
एड़ी अनार सी भौर रही, वहिया दोउ चंपे सोडार नागाऊँ।
छातिन में रस के निबुआ अरु घूँघट खोलि के दाख चखाऊँ।
ढाँगन के रस के चसके रति फूलनि की रसखानि लुटाऊँ।
अंगनि अंग मिलाइँ दोऊ रसखानि रहे लिपटे तरु छाहीं।
संगनि संग अनंग को रंग सुरंग सनी पिय दे गल बाँहीं।
बैन ज्यों मैन सुऐन सनेह की लूटि रहे रति अंतर जाही।
नी बी गहै कुच कंचन कुंभ कहै वनिता पिय नाहीं जुनाहीं।

रसखान का रचना-संसार वास्तव में इतना विस्तृत और गूढ़ है कि अभी कितने अनुसंधान और कितनी नई बातें सामने आएँगी। सच तो यह है कि रसखान की रचनाएँ किसी सागर की भाँति गहरी और रत्नाकर हैं। 'जिन डूबा तिन पाइयाँ', यहाँ तो जितनी गहराइयों में उतरा जाए उतने ही मूल्यवान् मोती और रत्न बिखरे पड़े हैं। कहीं भक्ति की पवित्रता है तो कहीं प्रेम की मीठी कसक; कहीं विरह की तप्त ज्वाला है तो कहीं मिलन की शीतलता। कहीं एक श्रृंगारक का सौंदर्य वर्णन है तो कहीं प्रकृति का साक्षात्कार करते हुए कवि की मदहोशी। कुछ भी तो अवशेष नहीं है।

रसखान की कविता का पाठ स्वयं का स्वयं से मिलन है। ऐसा मिलन जहाँ पतन भी उत्थान की तरफ ले जाता है; जहाँ किसी लौकिक शरीर से मिलने का उन्माद नहीं है, बल्कि पुरुष और प्रकृति, जड़ और चेतना

के संयोग की उदात्तता है। इस संसार में खोनेवाला व्यक्ति स्वयं को पाने की अभिलाषा कर सकता है।

अगर रसखान-संबंधी विभिन्न उपलब्ध सामग्रियों एवं आलोचनात्मक कृतियों पर सूक्ष्मता से दृष्टि डाली जाए तो यह स्पष्ट हो जाता है कि उनकी प्रामाणिक दो रचनाएँ 'सुजान रसखान' और 'प्रेम वाटिका' दोनों ही साहित्यिक गुणवत्ता की दृष्टि से अमूल्य हैं। शेष संग्रह की प्रामाणिकता संदिग्ध है। अतः उपर्युक्त रचनाओं के आधार पर ही रसखान के काव्य और भक्ति-भावना का विवेचन प्रासंगिक है।

□

4

काव्यगत विषय-वस्तु

रसखान के काव्य का मूलाधार एवं प्रमुख विषय लौकिक पदार्थ नहीं वरन् स्वयं जगदाधार जगदीश्वर के गुणों का गान एवं उनकी अभ्यर्थना है। रसखान के काव्य में, जो कि सरसता, उपरवास, अंत:वास एवं सहवास है, वह भक्तजन के कंठहार भगवान् श्रीकृष्ण की निकटता प्राप्त करने की उत्कंठा है। उनकी इच्छा किसी लौकिक वस्तु की प्राप्ति या किसी से प्रशंसा प्राप्त करने की नहीं है। वे तो केवल उस मनमोहन मुरलीधर कन्हैया के निकट जाना चाहते हैं। अपने काव्य के माध्यम से वे हर पद में उन्हीं की लीलाओं का गुणगान करते हैं। उनके स्वरूप का मार्मिक चित्रण करना ही उनकी कविताओं का उद्‌देश्य है और सार्थकता भी। उनकी कविताओं का वर्गीकरण करना अथवा समालोचना करना एक जटिल काम है। क्योंकि उनकी काव्यधारा किसी सरिता की उस प्रवहमान जलधारा की भाँति है, जो हर क्षण व हर पल गतिमान है। उसकी अपनी गति है, अपना आवेग है। परंतु सुविधा की दृष्टि से यहाँ रसखान के संपूर्ण काव्य को हम कुछ खंडों में विभाजित कर सागर से मोती चुराने का प्रयास कर रहे हैं।

श्रीकृष्ण-लीला

लीला अर्थात् खेल! खेल जीवन का, प्रभु का खेल, अर्थात् सृष्टि की रचना। यह संपूर्ण जगत् उस परम चैतन्य हरि की क्रीड़ा ही तो है। थोड़े

से व्यापक अर्थ में लें तो सृजन और ध्वंस दोनों ही बस प्रभु की क्रीड़ा ही तो हैं। जीव-जगत् इस क्रीड़ा में रमकर खुद को भूल जाता है और इस तरह चरम क्रीड़ा को सच मान बैठता है। अन्यथा यदि ध्यान से देखें तो दुःख-सुख, हार-जीत सभी में एक रस है, एक लयबद्ध छंद। जिसने इस छंद को समझ लिया, इस लीला को पहचान लिया, वह उस चरम आनंद में डूबकर महारास में समा गया। जो इस खेल को सच मान बैठा, वह निरंतर इस दुःख-सुख के सागर में डूबता-उतराता पीड़ा सहता रहा। सच तो यह है कि इस खेल की वास्तविकता में डूबकर जिसने उस परम लीलामय प्रभु के इस खेल को समझकर जीना सीख लिया, उसने आनंदधाम पहुँचकर हरि का दर्शन कर लिया। संतों ने इस लीला में भाग लेने को मोक्ष से भी श्रेष्ठ माना है। अनासक्त आदिपुरुष अपनी आदि शक्ति प्रकृति के साथ क्रीड़ा कर रहा है। यह पुरुष ही श्रीकृष्ण हैं और प्रकृति राधा हैं। श्रीमद्‌भागवत के अनासक्ति योग के अनुसार–जो जीव जीवन की इस महाक्रीड़ा में भाग लेकर जीवन के साथ क्रीड़ा करने लगता है, वह पुरुष-प्रकृति श्रीराधा-कृष्ण के इस शाश्वत खेल में भाग लेने का अधिकारी बन जाता है। वैष्णव भक्ति में यह लीला प्रमुख स्थान रखती है। लेकिन उसका विशेष संबंध पुष्टिमार्गीय भक्ति है। पुष्टिमार्गीय भक्ति का प्रमुख लक्ष्य मोक्ष-प्राप्ति नहीं अपितु प्रभु का प्रेम पाना है। परंतु वह प्रेम इतना सरल है क्या? वह प्रेम तो केवल भगवत्कृपा से ही प्राप्त हो सकता है। जिसे यह प्रेम प्राप्त हो गया, उसके लिए वैकुंठ भी नगण्य हो जाता है। इस प्रेम-रस का आनंद वैकुंठ के आनंद से भी कई गुना ज्यादा है। इस आनंद को पाने के बाद भक्त वैकुंठ प्राप्त करना ही नहीं चाहता। वह तो बस इस प्रेम-रस में डूबकर चरम आनन्द में निमग्न हो जाना चाहता है।

वैष्णव कवियों ने इस प्रेम की प्रशंसा मुक्त कंठ से की है। यही वह प्रेम है, जिसे पाकर जीव परम-पुरुष श्रीकृष्ण को प्राप्त कर लेता है। यही वह प्रेम है, जिसके बल पर विदुर-पत्नी द्वारा भेंट किया गया केले का छिलका भी मधुसूदन को अमृत-भोग लगने लगा था। बिना इस प्रेम-रस

में डूबे हरि-लीला का दर्शन असंभव है।

वास्तव में यह ब्रह्मांड ही प्रभु की शाश्वत लीला है। प्रभु लीला करना चाहते हैं तो यह ब्रह्मांड अस्तित्व में आता है। वेद-पुराण-उपनिषद् इन सभी में हरि-लीला का समावेश है। श्रीमद्‌भागवत के दशम एवं एकादश स्कंधों में इस लीला का विस्तारपूर्वक वर्णन किया गया है। अष्टछाप के कवियों ने भी लीला-गान को विशेष महत्त्व दिया है। हरि-लीला अनंत है। ब्रह्मांड में चल रही एक-एक रचना, एक-एक विध्वंस, एक-एक निर्माण—सभी उस श्यामसुंदर की लीला होती है।

रसखान ने कृष्ण-लीलाओं की चर्चा की है। उनके अनुसार, हरि-लीला रसमयी है। विश्व में घट रही प्रत्येक घटना में एक रस है। उसी परमानंद भगवान् श्रीकृष्ण के महारास का अंग है हर क्रिया। परंतु रसखान ने अपने लीला-वर्णन में अपने पूर्ववर्ती अथवा समकालीन किसी भी भक्त कवि या परंपरा का पालन नहीं किया। रसखान प्रकृति की चरम शक्ति की भाँति पूर्णतया मुक्त हैं। वे प्रेम के स्वच्छंद गायक हैं। उनका गायन किसी काल अथवा विचार की बाधा से बाधित नहीं है, बल्कि किसी सुगंध की भाँति सभी दिशाओं को अपनी मोहक मादकता से आच्छादित करता हुआ किसी शीतल बयार के समान है। उनकी प्रेमाभिव्यक्ति के आधार भगवान् श्रीकृष्ण हैं। इसलिए स्वाभाविक तौर पर वे श्रीकृष्ण की लीलाओं का निरूपण करते हैं।

वास्तव में रसखान का उद्‌देश्य न तो श्रीकृष्ण लीला संबंधी किसी दर्शन का प्रतिपादन है और न ही किसी निरर्थक वैचारिक संघर्ष में पड़कर अपनी सरसता गँवाने का सम्मोहन। वे तो बस प्रेम-विरह में व्याकुल किसी पपीहे की भाँति परम पुरुष श्रीकृष्ण का गुणगान करते हैं।

श्रीकृष्ण की अनेक लीलाओं के दर्शन वे अपनी कविता के माध्यम से करते-कराते हैं। ये लीलाएँ साधारण मानव की शृंगार-क्रीड़ा के समान प्रतीत होती हैं। इसका प्रमुख कारण यह है कि वे अपने आराध्य को अपने से इतर सोचने का प्रयास नहीं करते। वे अपने प्रेमी को अपने आसपास ही महसूस करते हैं। कहीं-कहीं उनका हृदय, जो प्रभु के वास्तविक

स्वरूप से परिचित है, इस सीमा का उल्लंघन कर बैठता है और उनकी कविताओं में आध्यात्मिक झलक भी मिल जाती है।

रसखान के काव्य में बाल-लीला, गोचरण-लीला, कुंज-लीला, रास-लीला, पनघट-लीला, दान-लीला, वन-लीला, गोरस-लीला आदि के दर्शन होते हैं। उनके काव्य में श्रीकृष्ण अति मानव नहीं होते हुए भी ब्रह्म हैं। परंतु उनके ब्रह्म रूप से भीरु होते हुए भी रसखान उन्हें ब्रह्म रूप में अपना प्रेमी न मानते हुए अपने मानवी धरातल पर ही उनके प्रेम को पाने का प्रयास करते हैं। एक प्रेमी और भक्त में यही अंतर होता है। भक्त के लिए ईश्वर एक पारलौकिक, अगम्य, अगोचर होता है; परंतु एक प्रेमी के लिए उसका प्रभु उसके ही अंदर बसनेवाला, उसका ही स्वरूप हो जाता है। भक्त में कहीं-न-कहीं द्वैत विद्यमान है, परंतु प्रेम तो होता ही अद्वैत है।

बाल-लीला

रसखान ने यद्यपि कृष्ण की बाल-लीला संबंधी कुछ ही पदों की रचना की है, किंतु उनके पद आज भी प्रेमी-भक्तों के कंठहार हैं। वे बड़े प्रेम से आज भी गाया करते हैं-

"काग के भाग बड़े सनती हरि हाथ सौं ले गयो माखन रोटी।"

यद्यपि रसखान को श्रीकृष्ण के मानवीय स्वरूप ने अधिक आकर्षित किया, किंतु वे यहाँ उनके ब्रह्मत्व को बड़े प्रेम से स्वीकार कर रहे हैं।

गोचारण-लीला

प्रभु श्रीकृष्ण का बालपन बीत गया। घुटनों के बल चलते हुए माता यशोदा की गोद से निकलकर वे बड़े हो गए हैं। अब वे ग्वाल-बाल के साथ गो चराने जाने लगे हैं। कृष्ण की हर अदा पर दीवानी गोपियाँ उनके गोचारण से प्रभावित हुए बिना कैसे रह सकती हैं। रसखान ने इस लीला का वर्णन बहुत सुंदर ढंग किया है-

न्हाई जवै निकसी वतिता चहुँ ओर चितै चित रोष करोरी।
हार हिये करि कावग सों पर दीने लग्ना वचनामृत बोरी।।

एक बार सभी गोपियाँ यमुना-जल में स्नान के लिए उतर गईं। तभी मनमोहन उनके वस्त्र लेकर कदंब की डाल पर जा बैठे। गोपियाँ अपने वस्त्र न पाकर क्रोध करने लगीं। परंतु जब क्रोध से बात नहीं बनी तो वे मनमोहन से मीठे शब्दों में चिरौरी करने लगीं।

रसखान के इस वर्णन में बहुत नाटकीयता है। उन्होंने साधारण शब्दों में चित्रात्मक वर्णन किया है। आध्यात्मिक रूप में यमुना-स्नान का अर्थ संसार की आनंद रूपी नदी में उतर जाना है, जहाँ आत्मा पूर्णतया मुक्त है; सांसारिक आवरण से पृथक् हैं। वहाँ भक्ति के अनुष्ठान रूपी चीर (वस्त्र) पृथक् हो चुके हैं। भक्तों की भाषा में यह रागानुराग भक्ति है, जहाँ प्रभु प्रेमी हैं और वे हँसी-हँसी में आत्मा को आवरणहीन करके माया से पृथक् कर देते हैं।

कुंज-लीला

वृंदावन के कुंजों में गोपियों का श्रीकृष्ण से लीला-विहार आज भी प्रसिद्ध है। रसखान ने इसका बड़ा रसपूर्ण चित्रण किया है। गोपियाँ जा रही हैं। उनकी चर्चा के विषय श्रीकृष्ण हैं। भगवद्-भक्तों ने गोपियों को वैदिक ऋचा का अवतार माना है और ऋचाओं का धर्म ही निरंतर हरि गुण का गान है, उनके मध्य किसी और की चर्चा तो हो ही नहीं सकती। और उधर लीलाधाम गोपियों के भाग्य को सराहने के लिए ही अवतरित हुए हैं।

रास-लीला

रासलीला अर्थात् रस-लीला, रस अर्थात् इंद्रियों द्वारा अनुकूल आनंद, इंद्रियों द्वारा अनुकूल रस जब पार्थिव होकर जड़ रूपी इंद्रियों से अनुभव किया जाता है तो वह माया का ही एक रूप होता है; परंतु वही अनुभूति जब स्वयं आत्मा मन को अपनी इंद्रिय बनाकर करने लगता है तो वह चरमानंद हो जाता है। श्रीकृष्ण की लीलाओं में रासलीला का लौकिक एवं

आध्यात्मिक होना ही महत्त्वपूर्ण है। रासलीला जब तक मानसिक धरातल पर स्थिर रहती है, तब तक वह चरमानंद का स्वरूप बनकर स्वयं परमेश्वर के महानर्तन के आनंद में डूबी पुरुष और प्रकृति की क्रीड़ा का आनंद लेती है और जब लौकिक धरातल पर उतरकर जड़ इंद्रियों द्वारा अनुभूत की जाती है तो दृश्य-लीला का रूप धारण करती है। तब उसके प्रभाव की परिधि आम लीलाओं से व्यापक हो जाती है; क्योंकि जड़ता भी तो कहीं-न-कहीं उसी परमेश्वर का अनुगमन करती है। आत्मा जब जड़भूत रूप में प्रकृति और पुरुष के महारास के दृश्य का दर्शन करने लगता है, तब वह चरमानंद को प्राप्त कर सार्थक हो जाता है।

युगल जोड़ी

युगल जोड़ी अर्थात् राधा-श्रीकृष्ण की जोड़ी। वन में अचानक रूप-निधि राधा-श्रीकृष्ण की मुलाकात होती है। जेठ की तपती दोपहरी है। शरीर भगवान् भुवन-भास्कर के तेज से जल रहा है। परंतु पुरुष और प्रकृति—दोनों इस ताप, इस उद्विग्नता से निर्विकार होकर केवल प्रेम की परम शीतलता में डूबे हुए हैं। यह ताप और वन की शीतल वायु का मंद झोंका आनंददायक प्रतीत होता है। दोनों में प्यार भरी बातें होती हैं। जीवन के चरमफल की प्राप्ति हो जाती है। रस भरी बातें होती हैं। कृष्ण का हाथ राधाजी के कंधे पर है। उनके श्रीमुख पर मोर-मुकुट की छाया है।

होली-वर्णन

सभी कृष्ण-भक्त कवियों ने उनके लीला-लालित्य में उनकी सौंदर्य विभूति और उल्लासमयी लीला का वर्णन विस्तारपूर्वक किया है। और हो भी क्यों नहीं, श्रीकृष्ण परम पुरुष के सबसे लालित्यमय अवतार हैं। और होली प्रकृति का सबसे महत्त्वपूर्ण लालित्यमय उत्सव, जहाँ मन की भावनाएँ उत्कंठा के चरम पर पहुँचकर मुखरित हो उठती हैं, जो बंधनों और वर्जनाओं को तोड़कर देह के उस पार जाने का प्रयास करती हैं।

कुवलया-वध

कुवलया कंस के एक हाथी का नाम था। श्रीकृष्ण ने धनुर्यज्ञ में कुवलया का वध किया था। रसखान ने मात्र एक पद में कुवलया-वध का वर्णन किया है।

भ्रमर गीत

भगवान् श्रीकृष्ण के मथुरा-वास के दौरान उनके सखा और भक्त उद्धव से ब्रज की गोपियों की प्रायः चर्चा होती थी। साकार ब्रह्म-भक्ति और निराकार ब्रह्म-संन्यास की चर्चा के दौरान श्रीकृष्ण ने उद्धव को ब्रज भेजा। उद्धव ब्रज आए और गोपियों को समझाया कि वे साकार ब्रह्म रूपी श्रीकृष्ण की बजाय निराकार ब्रह्म रूपी श्रीकृष्ण का स्मरण करें। उनकी इस वार्त्ता को कवि रसखान ने अपने गीतों की माला में पिरोया। इसे भ्रमर गीत कहा जाता है।

□

5

काव्यगत रूपांकन

काव्य का रमणीयता से अटूट संबंध होता है, चाहे रूप प्रकृति का हो या प्रकृति द्वारा सृजित किसी लौकिक देह का। काव्य जब स्वयं को विस्तार देता है तो रूप की उपेक्षा नहीं कर सकता। रूपोपासना आत्मतत्त्व की उपासना की भाँति अति प्राचीन है। काव्य और सौंदर्य का परस्पर इतना घनिष्ठ संबंध है कि एक के अभाव में दूसरा फीका लगता है। इसलिए कवि अपनी कविता में रूप की अभिव्यक्ति करता है और मानव उस अभिव्यक्ति को अपने हृदय से ग्रहण कर आनंद-विभोर हो उठता है। रूप को देखकर, उसे महसूस कर आनंद-प्राप्ति होती है और मानव सदा ही आनंद का भूखा रहा है। यही कारण है कि आनंद-प्राप्ति के लिए काव्य में रूपांकन का महत्त्वपूर्ण स्थान है।

रसखान ने नख-शिख निरूपण की परिपाटी को लेकर नायिका चित्रण नहीं किया। गोपियों के बाह्य सौंदर्य के बजाय वे उनके आंतरिक भावों की ओर अधिक आकर्षित होते हैं। इसका मूल कारण शायद यह है कि रूपवान् के रूप में वे सिर्फ श्रीकृष्ण की छवि ही देखते हैं और गोपियाँ उस रूप की सार्थक अभिव्यक्ति का माध्यम बनकर सामने आती हैं। श्रीकृष्ण के रूप को देखकर गोपियाँ किस प्रकार प्रभावित होती हैं एवं उनकी क्या दशा होती है, रसखान ने उसकी सफल अभिव्यंजना की है।

उनके पदों में राधा का वर्णन दो स्थलों पर मिलता है—एक युगल जोड़ी के रूप में और दूसरा राधा रूप छटा के अंतर्गत। परंतु राधा रूप छटा

में भी उन्होंने राधा-रानी के नख-शिख वर्णन को प्रधानता न देकर यही दिखाने का प्रयास किया है कि राधा के रूप से प्रकृति तक प्रभावित है। राधा के रूप के सम्मुख प्रकृति के कई अंग, मृग, खंजन, मीन आदि तक लज्जित हो रहे हैं। उनकी सुकुमारता देखिए—हार के बोझ से नायिका की कमर झुकी जा रही है। प्रस्तुत पद में इसकी झलक मिलती है–

यह जाको लखै मुख चंद समान, कमान सी भौंह गुमान हरै।
अति दीरघ नैन सरोजहु ते मृग खंजन मीन की पाँति दरै।।
रसखानि उरोज निहारत ही मुनि कौन समाधिन जाहि रहै।
कहिनी के नवै करिहार के कार सो तासों कहै सब काम करै।।

यौवनालंकार एवं रसखान द्वारा उसकी निरूपण-शोभा–

आजु सँवारति नेकु भटूतन, मंद करी रति की हुति लाजै।
देखत रीझि रहे रसखानिसु और कहा विधिना उपराजै।।
आए हैं न्यौतें तरैयन के मनो संग-पतंग पतंग जुराजै।
ऐसे लसै मुकतागन में तिल तेरे तरौना के तीर विराजै।।

यहाँ रसखान ने राधा के रूप-सौंदर्य की चर्चा करते हुए कहा है कि आज वे स्वयं को खूब सजा रही हैं। उनके सौंदर्य ने रति की छवि को भी मंद कर लाज से ग्रसित कर दिया है। रसखान रास-विधि के इस कृत्य पर आसक्त हो रहे हैं। उनके गालों का तिल ऐसा लग रहा है मानो काम का तीर है।

कांति : जब शोभा काम के मद से मादक हो जाती है तो वही नायिका की कांति हो जाती है।

माधुर्य : यह नायक-नायिका की ऐसी रमणीयता है, जो सभी प्रकार की अवस्थाओं में अक्षुण्ण रहा करती है। रसखान के काव्य में माधुर्य यौवनालंकार की अभिव्यक्ति दर्शनीय है; जैसे—

तन चंदन खौर के बैठी भटू रही आजु सुधा की सुता मनसी।
मनौ इंदुब धून लजावन कौं सब सानिन काढ़ि धरी गन सी।।

रसखानि बिराजति चौकी कुचौ बिच उत्तम ताहि जरी तनसी।
दयके दृगवान के घायन कौं गिरि सेत के संधि के जीवन सी।।

लीला : प्रेम के चरम आवेश में अपने प्रियतम का अनुकरण करना लीला है। रसखान ने राधा को लीला का अलंकार से रंजित नहीं दिखाया। गोपी के भावों का निरूपण करते हुए लीला की स्वाभाविक अभिव्यंजना हुई है।

विलास : प्रिय के दर्शन, आगमन आदि के कारण चाल-ढाल, उठने-बैठने, आसन-शयन, मुख एवं नेत्र आदि के व्यापार की आनंदसूचक विशेषता का नाम विलास है। रसखान के काव्य में स्थान-स्थान पर विलास के दर्शन होते हैं। जैसे—

बंक बिलोकनि हंसनि मुरि, मधुर बैन रसखानि।
मिले रसिक-रस राज दोउ, हरखि हिए रसखानि।।

ललित : अंग-प्रत्यंग का सुकुमार विन्यास ही ललित है। रसखान ने अपने पदों में अपनी नायिका की सुकुमारता का सुंदर निरूपण किया है। नायिका के कोमल अंग रूप से लिपटे हुए हैं।

केलि : अपने प्रियतम के साथ प्रेम-विहार में नायिका की क्रीड़ा का नाम केलि है। रसखान ने अपने काव्य में इसके भी दर्शन कराए हैं।

रसखान की रुचि नायिका के रूपांकन में अधिक नहीं रमती। राधा के रूप का चित्रांकन उन्होंने अवश्य किया, परंतु उतनी तन्मयता से नहीं जिस तन्मयता से उन्होंने श्रीकृष्ण का चित्रण किया है। फिर भी, रसखान की नायिका उदासीन नहीं है। वह सुंदर है, काव्यशास्त्र के कई यौवनालंकारों से सुसज्जित है। इस संक्षिप्त नारी--रूपांकन में रसखान पूर्णतया सफल हुए हैं।

नायक का रूप-चित्रण

सभी भक्त कवियों ने अपने आराध्य के रूप का वर्णन किया है। मीरा, तुलसी, सूर आदि सभी ने अपनी भक्ति और प्रेम-भाव में उन्मत्त होकर अपने आराध्य का रूपांकन किया है; किंतु रसखान तो बस श्रीकृष्ण

के बंक-विलोचन, रंगकरी मुसकान, रतनारी अँखियों तथा श्यामवर्ण के दीवाने हैं। उन्होंने अपने कई कवित्त व सवैयों में कृष्ण के रूप-प्रभाव को निबद्ध किया है।

श्रीकृष्ण के रूप का इतना विस्तृत निरूपण करने के दो कारण हो सकते हैं। पहला, कहा जाता है कि ये कृष्ण के चित्त-दर्शन द्वारा आसक्त हुए थे। कृष्ण के चित्तवाला स्वरूप उनके अचेतन मन में बस गया था। उस स्वरूप की अभिव्यक्ति काव्य में होनी स्वाभाविक थी। कोई भी व्यक्ति जिस पर आसक्त होता है, उसका बखान विविध प्रकार से कर आत्मसंतोष प्राप्त करता है। इसीलिए रसखान के काव्य में कृष्ण के रूप की सुंदर अभिव्यक्ति हुई है। नायक-रूप का इतना व्यापक चित्रण रसखान की काल-परंपरा रही है। रसखान के कृष्ण-रूपांकन में अधिक रुचि दिखाने का कारण यह भी हो सकता है कि उन्हें नारी-सौंदर्य की अपेक्षा पुरुष-सौंदर्य ने अधिक प्रभावित किया।

रसखान की कल्पना अत्यंत सशक्त एवं संपन्न है। इसलिए उनकी अभिव्यक्ति में हमें सौंदर्य-विधान की प्रचुरता, चित्रों की अतिशय अनुरंजकता तथा रूपांकन की सहजता मिलती है। रसखान को जहाँ श्रीकृष्ण के अंग-प्रत्यंग की शोभा ने प्रभावित किया है, वहीं उनके संपूर्ण रूप की छटा से प्रभावित हुए बिना भी वे न रह सके। कृष्ण और रूप के जाल में फँसकर वे तड़पने लगे।

रसखान कृष्ण को रूप का सागर मानते हैं और उनका गोपी रूपी मन उस रूप के सागर में डूबकर किल्लोल करता है। सागर में तो डूबना ही है। सागर को कोई तैरकर पार कर सकता है और वह भी रूप का सागर और तिस पर भी श्रीकृष्ण का रूप, जो अनंत और अपार है, लोकातीत है। बुद्धि और विवेक के बल पर भी उस सागर में नहीं तैरा जा सकता। □

6
काव्य-पक्ष

रसखान अपने काव्य में कला और भाव दोनों ही पक्षों का यथोचित संतुलन रखते हैं। उनका काव्य कृष्ण को समर्पित है। अपने काव्य में रसखान ने कृष्ण को ही सभी स्थितियों में सर्वोत्तम माना है। रसखान के नायक में नायकोचित सभी गुण प्राप्त होते हैं। रसखान के नायक श्रीकृष्ण ने द्रौपदी, गणिका, गज, अजामिल आदि के संकटों का नाश किया। केवल यही नहीं, उन्होंने उत्साहपूर्वक कुवलया, कालिय, पूतना आदि का मर्दन भी किया। रसखान ने अपने नायक के महान् कार्यों के साथ-साथ उनके रूप-यौवन की भी चर्चा की–

खंजन मीन सरोजन को मृग को मद गंजन दीरघ नैना।
तिरछी बरछी रूप कारत हैं दृग बान कमाना सु कान लग्यौ
जोहत वंक विशाल के वाणिनी बेधत हैं धरती छनमारी।।

श्रीकृष्ण के रूप का प्रभाव यह है कि गोपियाँ बेबस होकर मर्यादा त्यागने को विवश हो जाती हैं। जैसे—

अति लोक की लाज समूह मैं छोरि के सखि थकी बहु संकल्पो।
पल में कुल कानि की मेड़ नखी नहिं रोकी रुकी पल के पत्सों।।
रसखानि सु के तो उचारि रही उचरी न संकोच की औचरसों।
आले कोरि कियौ हरकी न रही अटकी अँखियाँ लटकी लटसों।

उनके रूप-यौवन की चर्चा की शैली के उदाहरण वे स्वयं हैं। कृष्ण के रूप-यौवन की चर्चा करते हुए वे भाव-विभोर हो जाते हैं–

मैन मनोहर बैन वजै सु सजेतन सोहत पीत परा है।
यों दमके चमके झमके हुति दामिनी की मनो श्याम घटा है।।
ए सजनी ब्रजराज कुमार अटा चढ़ि फेरत लाल बटा है।
रसखानि महामधुरी की मुसकानि करै कुल कानि कराहै।।

रसखान के काव्य की नायिका कृष्ण के प्रेम में किसी निरीह पंछी की भाँति फँसी हुई है। उन्होंने नायिका के सौंदर्य को दर्शाने के बजाय अधिकतर उसके प्रेम और विरह का ही निरूपण किया है–

काल्हि भटू मुरली धुनि में रसखानि लियो कहुँ नाम हमारो।
ता छिन तैं भई वैरिनी सास कितौ कियौ झाँकत देतिन द्वारौ।।
होत चबाव बलाइ सो आती री जौ भरि आँखिन केरियै प्यारो।
बार परी अबहीं ठिठक्यौ हियरे अटक्यौ थियरे पटवारौ।।

उनके काव्य में नायिका के सभी भेद दिखाई देते हैं, जैसे अपने पति के अतिरिक्त पुरुष से प्रेम करनेवाली नायिका 'ऊढ़ा' का यह चित्रण–

औचक दृष्टि परे कहूँ कान्ह जू तासों कहै ननदी अनुरागी।
सौसुनि सास रही मुख मोरि, जिठानी फिरै जिय में रस दागी।।
नीके निहारि के देखै न आँखिन, हों कबहुँ करि नैन न जागी।
मो पछितावो यहै जु सखी कि कलंक लग्यौ पर अंकन लागी।।

'मुदिता नायिका' के भाव की व्याख्या उन्होंने निम्नांकित पद्य में की है। इसमें उन्होंने मुदिता नायिका की मनोवस्था का सुंदर चित्रण किया है–

जात हुती जमना जल कौं मनमोहन घेरि लयौ मन आइके।
मोद भट्यौ लथराइ लयौ पट, घूँघट वारि दयौ चित चाह के।।
और कहा रसखानि कहौ, मुख चूमत घात न वात वारदै
कैसे निभै कुलकानि रही हिये, साँवरी मूरती की छवि छाई के।।

रसखान की गोपियाँ अनेक स्थानों पर वचन-चातुर्य से काम लेकर नायक श्रीकृष्ण को रिझाने का प्रयास करती हैं–

छोर जौ चाहत चीर गहें अनू लेउन केतिक छीर अचै हौ।
चाखन के जिस पाखन माँगत खाउ न माखन केतिक खैहौ।।
जानति हौं जियकी रसखानि, सु काहे कौन एतिक बात बढ़ैहौ।
गोरस के किस जो रस चाहत, सो रस कान्हजू नेकु नपैहो।।

रसखान का उद्‌देश्य कृष्ण-विषयक रागात्मिक तृप्ति की अभिव्यक्ति और कृष्ण का विविध रूपों में चित्रण करना था। कृष्ण के चित्रण को हृदयग्राही रूप देने के लिए उनकी चेष्टाओं, उनकी लीलाओं को सरल बनानेवाले वातावरण आदि का चित्रण अपेक्षित है। वंशीवर का उनकी क्रीड़ाओं से महत्त्वपूर्ण संबंध है। यमुना तट उनकी प्रिय लीलास्थली है। कवि ने स्थान-स्थान पर अपने काव्य में कृष्ण-लीलाओं के भाव पक्ष की व्याख्या की है।

□

7
कला-पक्ष

रसखान का उद्देश्य किसी खंड-काव्य की रचना नहीं थी। प्रेम और भक्ति ने इस कवि को अपने मार्मिक उद्गारों को अभिव्यक्त करने के लिए विवश कर दिया। निम्नांकित कुछ कविताओं से यह आशय स्पष्ट हो जाता है–

: 1 :

मोहन के मन भाइ गयौ इक भाइ सौ ग्वालिन गोधन गायौ।
ताकों लग्यौ चट चौहट सो दुरि औचक गात सौंगात छुवायौ।।
रसखानि लही इनि चातुरता चुपचाप रही जबलौ घर आयौ।
नैन चलादू चितै मुसकाइ सुओट हन्वै जादू अँगूठा दिखायौ।।

: 2 :

नवरंग अनंग करी छवि सों वह मूरति आँखें गड़ी ही रहै।
बतियाँ मन की मन ही में रहै, पतिया उर बीच अड़ी ही रहै।।
तबहूँ रसखानि सुजान अली नलिनी दल बूँद पड़ी ही रहै।
जिय की नहिं जानत हौं सजनी रजनी अँसुवान लड़ी ही रहै।।

रसखान का काव्य सवैये, मुक्तक आदि रचना की विभिन्न कसौटियों पर पूर्ण रूप से खरा उतरता है। उनके प्रत्येक छंद में एक इकाई है। चार पंक्तियों में संपूर्ण चित्र का निर्माण उन्होंने पूर्ण काव्य-कुशलता से किया

है। चित्रात्मकता, भावातिरेक और उचित वैदग्ध का यह सामंजस्य अत्यंत दुर्लभ है।

रसखान की रचनाओं से यह प्रतीत होता है कि वे मुक्तक रचनाओं के कवि हैं। वस्तुतः भक्ति-शाखा में कृष्ण-भक्त कवियों की यह विशेषता रही है कि उन्होंने प्रबंध-काव्य रचना में कोई रुचि नहीं दिखाई है। इसका मूल कारण शायद यह है कि उनकी नजर भगवान् कृष्ण की सौंदर्य-मूर्ति पर ही ज्यादा केंद्रित रही है। शक्ति और शील इन भक्त-कवियों की दृष्टि में गौण हो गए हैं।

वैसे भी रसखान का स्वभाव सौंदर्योपासना था। वे प्रेमी जीव थे, अतः उनमें इस प्रवृत्ति का पाया जाना आश्चर्यजनक नहीं था। अपने प्रेम-विह्वल चित्र के भावों की प्रवाहमयी और प्रेमोत्पादक व्यंजना के लिए मुक्तक का माध्यम ही उनके लिए सर्वाधिक उपयुक्त था। रसखान में अपनी स्वानुभूति की मार्मिक अभिव्यक्ति के लिए मुक्तक के रस-माध्यम का असाधारण सफलता के साथ प्रयोग किया है।

रसखान के काव्य की भाषा मृदुल, मंजुल और गतिपूर्ण है। उसमें व्यक्त एक-एक चित्र अमर है। उनका एक-एक रेखांकन पूर्ण और स्पष्ट है। उनके काव्य में आवेग की तीव्रता द्वारा कोमल प्रभाव की अभिव्यंजना है। साधारण मुक्तक काव्य की गीतात्मकता में हृदय को झंकृत कर देने की असाधारण शक्ति है। रसखान के मुक्तकों की सबसे बड़ी विशेषता है भाव एवं अभिव्यंजना की तारतम्यता, जो उन्हें गीति काव्य के अत्यंत निकट ले जाती है।

रसखान ने छंद की व्यंजना-शक्ति का भी सुंदर और प्रामाणिक उपयोग कर अपने काव्य को अत्यंत प्रभावशाली रूप प्रदान किया है।

यह आश्चर्यजनक है कि उन्होंने दोहा-छंद में भी सारगर्भित विचारों और मार्मिक भावों का सफलता के साथ निरूपण किया है; जैसे-

स्रवन कीरतन दरसनहिं जो उपजत सोई प्रेम।
सुद्धासुद्ध बिभेदतें द्वैविध ताकि नेम।।
जोहन नंद कुमार की गई नंद की गेह।
मोहि देखि मुसकाइ के बरस्यौ मेहसनेह।।

रसखान के दोहे सरस और हृदयस्पर्शी हैं। प्रेम-वाटिका आदि के अध्ययन से यह सिद्ध होता है कि उनका दोहों, सोरठों आदि पर पूर्ण अधिकार था।

रसखान के काव्य में ऐसे अनेक उदाहरण हैं, जहाँ उन्होंने छांदिक सौंदर्य के लिए शब्दों के रूप में परिवर्तन किया है; किंतु इस शब्द-विपर्यय में कहीं भी अस्वाभाविकता नहीं आने दी, बल्कि भाव-सौंदर्य भी दिखाई पड़ता है।

कुल मिलाकर यह कहा जा सकता है कि रसखान अपनी छंद-योजना में पूर्ण सफल हैं। उन्होंने चमत्कार लाने के लिए अलंकार आदि को थोपने का प्रयास नहीं किया है, बल्कि उनका ध्यान काव्य के भाव-पक्ष और रस के प्रवाह पर केंद्रित रहा है। उचित स्थानों पर उन्होंने अलंकारों को प्रयोग किया है, उन्हें दूर तक खींच-तानकर ले जाने का प्रयास नहीं किया है। रसखान द्वारा प्रयुक्त अलंकार अपने अलंकार नाम को सार्थक करते हैं। अलंकारों की सुंदर योजना से उनका कला-पक्ष निस्संदेह निखर आया है। उनके काव्य का एक कलात्मक सौंदर्य ऐसा भी है—

सो है तरंग अनंग की अंगनि ओप उरोज उठी छतिया की।
जोबन-जोति सुयौ दमके उस काइ दई मनो बाती दिया की।।

□

8

भक्ति-दर्शन

भक्ति का आंदोलन दक्षिण से सागर की किसी लहर की भाँति उठा और धीरे-धीरे संपूर्ण भारत में व्याप्त हो गया। उसकी विभिन्न धाराएँ उत्तर भारत में फैल गईं। दर्शन, धर्म, साहित्य आदि सभी क्षेत्रों में इसका गहन प्रभाव पड़ा। एक तरफ तो सांप्रदायिक भक्ति का जोर था। कई तीर्थ-स्थान, मंदिर, मठ, अखाड़े उसके केंद्र थे; दूसरी ओर ऐसे भी भक्त थे, जो किसी भी तरह की सांप्रदायिक हलचल से दूर रहकर भक्ति में लीन रहना पसंद करते थे। रसखान इसी प्रकार के भक्त थे। वे स्वच्छंद भक्ति के प्रेमी थे।

अगर भक्ति-काल का गहन विवेचन किया जाए तो उससे हमें यह स्पष्ट रूप से पता चल जाता है कि उसकी बहुत-सी ऐसी विशेषताएँ हैं, जो सभी भक्त कवियों में समान रूप से पाई जाती हैं। रसखान की कविता में भी वे देखी जा सकती हैं। सभी भक्तों ने भगवान् का निरूपण किया है। यह अलग बात है कि अपनी-अपनी रुचि और सोच के अनुसार सभी भक्त-कवियों ने भगवान् के अलग-अलग रूप का वर्णन किया है। लेकिन यह भी सच है कि सभी की दृष्टि में ईश्वर एक ही है।

कृष्ण-भक्ति काव्य के महान् रचनाकारों में लगभग सभी में एक बात समान है, वह यह कि लगभग सभी भक्त कवियों में भगवान् श्रीकृष्ण के सौंदर्य पक्ष की ही प्रधानता रही है। श्रीकृष्ण का चरित्र विलक्षण है। उनके हाथों में माधुर्य की प्रतीक बाँसुरी है तो परिवर्तन का प्रतीक चक्र

भी है। वे वृंदावन में रास रचाते हैं तो महाभारत के महासंग्राम में 'गीता' का उपदेश देते हैं। परंतु यह आश्चर्य की बात है कि भक्त कवियों ने श्रीकृष्ण के इस युगांतरकारी रूप की चर्चा बहुत कम की है, बस प्रसंगवश ही। उनकी कविता का मुख्य विषय अधिकांशतः गोपी-कृष्ण प्रेम ही रहा। कृष्ण-भक्ति का मुख्य केंद्र वृंदावन था। श्रीकृष्ण की लीलाभूमि होने के कारण उनके भक्तों ने भी वृंदावन को ही अपना निवास बनाया। भारत के अनेक प्रांतों से आकर कई भक्त ब्रज में बस गए। रसखान के भी ब्रज में रहने का उल्लेख मिलता है।

रसखान की भक्ति का रूप

भक्ति कहीं-न-कहीं प्रेम का ही शुद्ध रूप है। अपने भक्ति-सूत्र में नारद ने भगवान् के प्रति किए गए परम प्रेम को भक्ति कहा है। 'विष्णुपुराण' में भक्त भगवान् से कहता है, "हे प्रभु! जिस प्रकार युवतियों का मन युवकों की ओर

तथा युवकों का मन युवतियों की ओर आकर्षित होता है, उसी प्रकार मेरा मन तुम में रमण करे।" इसी तरह की प्रार्थना तुलसीदास ने भी भगवान् राम से की है, "हे रघुनाथ राम! जैसे कामियों को कामिनी प्रिय होती है, जैसे लोभियों को धन प्रिय होता है, वैसे ही तुम मुझे प्रिय लगो।"

भक्तों ने लौकिक जीवन में इस प्रकार की उपमाएँ भगवान् के प्रति प्रेम की अतिशय आसक्ति की सूचना के लिए दी हैं। रसखान ने भी परम प्रेम को भक्ति माना है। प्रेम की अतिशयता और सर्वोच्चता का प्रतिपादन करने के लिए जिस प्रकार अन्य भक्त कवियों ने चातक का आदर्श अपनी कविताओं में लिया है, रसखान ने भी उन्हें अपना आदर्श माना है-

विमल सरस रसखानि मिलि भई सकल रसखानि।
सोई नवरसखानि कौं, चित चातक रसखानि।।

अपनी रचना 'प्रेम वाटिका' में रसखान ने प्रेम की जिन विशेषताओं का उल्लेख किया है, वे लौकिक और पारलौकिक प्रेम पर समान रूप से लागू होती हैं। जीवन-दर्शन के मर्म को समझनेवालों ने कहा है कि जीव की जीवन-साधना का सबसे बड़ा लक्ष्य है—संसार के बंधन से मोक्ष (मुक्ति)। कर्म, ज्ञान आदि सभी इसी साध्य के साधन हैं। परंतु भक्ति की विलक्षणता इस बात में है कि वह साध्य भी है और साधन भी। यही बात रसखान ने पूरे जोश के साथ कही है। उनके दर्शन का मुख्य बिंदु यही है कि प्रेम कारण भी है और कार्य भी। इसका मतलब यह है कि प्रेम या भक्ति के लिए किसी दूसरे साधन की आवश्यकता नहीं है। यह स्वतंत्र है और अपने में पूर्ण भी–

कारज-कारन रूप यह, प्रेम अहै रसखान।
कर्ता कर्म क्रिया करन, आपहि प्रेम बखान।।

ईश्वर प्रेम के वश में है। प्रेम से ही उसे पाया जाता है, प्रेम ही उसे भक्त के लिए सबकुछ करने पर विवश कर देता है। निर्मल प्रेम एकमात्र वह भाव है, जहाँ भक्त और भगवान् के मध्य की सीमा-रेखा मिट जाती है। रसखान ने प्रेम की चरम सीमा को स्पर्श किया और शायद यही कारण है कि उनकी भक्ति लौकिक और पारलौकिक सीमा-रेखा से बाहर प्रतीत होती है। जैसे यह छंद–

गावें गुनी गनि का गंधर बब, औ सारद शेष सवै गुन गावत।
नाम अनंत गनंत गनेस ज्यौं, ब्रह्म विलोचन पारन पावत।।
जोगी जती तपसी अरु सिद्ध। निरंतर जाहि समाधि लगावत।
ताहि अहीर की छोहरिया, छछिया भर छाछ दे नाच नचावत।।

रसखान ने भक्ति-भावना से स्वयं को श्रीकृष्ण के प्रति समर्पित कर दिया है। अपने काव्य को उनकी प्रेमोपासना का जरिया बना लिया है। उनकी कविता तत्त्व-ज्ञानियों के लिए लिखी भी नहीं गई है, क्योंकि प्रेमी कवि की प्रेम-प्रधान रचना में तत्त्वज्ञान-प्रधान भक्ति का निरूपण संभव ही नहीं

है। उनकी कविताओं में हास्य और सख्य भाव के प्रति भी कोई रुचि नहीं है। दोनों ही भावों में भक्त और भगवान् के मध्य एक सूक्ष्म दूरी बनी रहती है, जबकि वे इस दूरी को किसी भी प्रकार स्वीकार करने के लिए तैयार नहीं हैं।

रसखान माधुर्य के कवि हैं। वे अपनी युवावस्था में भी प्रेमी थे और संसार से विरक्त होने के बाद भी प्रेमी ही बने रहे; बस, उनका आलंबन परिवर्तित हो गया।

रसखान और सूफी साधना का स्वरूप

वास्तव में सूफी मत गणित की तरह कोई वस्तु नहीं है, जो समझाने से समझ में आ जाए या किसी चित्र की भाँति भी नहीं है, जिसे दिखा दिया जाए और समझ में आ जाए। वास्तव में गहन पवित्रता, उपासना तल्लीनता और आत्मसमर्पण का धर्म है। मुहब्बत उसका आवेग है। काव्य, संगीत और नृत्य उसकी साधना और लौकिक अवस्था से गुजरकर खुदा से मिल जाना उसका लक्ष्य है। उनके हृदय में मुसलमान, हिंदू, ईसाई आदि का भेदभाव नहीं रहता। उनका धर्म केवल एक रह जाता है—वह है प्रेम का धर्म। सूफी मत के अनुसार, इश्क का मजहब सभी मजहबों से अलग है। खुदा के आशिकों के लिए खुदा के अलावा और कोई मजहब नहीं।

हो सकता है कि रसखान भी इस विषय में पूर्ण विश्वास रखते हों और उन्होंने खुदा की प्राप्ति श्रीकृष्ण के माध्यम से कर ली। उन्होंने श्रीकृष्ण के अलौकिक सौंदर्य का निरूपण रहस्य के प्रतीक या आधार के रूप में किया।

चूँकि रसखान स्वच्छंद स्वभाव के कवि हैं, इसलिए उनसे सूफी सिद्धांतों के पूर्ण विवेचन की आशा नहीं करनी चाहिए और यही कारण है कि सूफी मत के प्रति आस्था का भाव रखते हुए भी उनके काव्य में सूफी मत का विधिवत् निरूपण नहीं प्राप्त होता है। इसके बावजूद

उनकी भक्ति का बाहरी स्वरूप भारतीय है, किंतु आत्मा सूफी साधना से रंजित है।

रसखान प्रेमी थे, भक्त थे, कवि थे, सूफी संत थे; परंतु सबसे ऊपर वे स्वयं को भूलकर ईश्वर के प्रेम में डूब जानेवाले अमर प्रेमी थे। उनके ही शब्दों में–

प्रेम हरी को रूप है त्यौ हरि प्रेम स्वरूप।
एक होइँ है यों लसै ज्यों सूरज औधूप।।

□

9

रसखान की प्रमुख कविताएँ

चीर की चटक औ अटक नवकुंडल की,
भौंह की मटक नेह आँखिन दिखाउ रे।
मोहन सुजान, गुन-रूप के निधान फेरि,
बाँसुरी बजाइ तनु-तपन सिराउ रे।।
एही बनवारी बलिहारी जाउँ तेरो आजु,
मेरी कुंज आइ नेकु मीठी तान गाउ रे।
नंद के किसोर चितचोर मोर पंख वारे,
बंसीवारे साँवरे पियारे इत आउ रे।।

भगवान् श्रीकृष्ण के बचपन के प्रसंग में रसखान उनके रूप-वस्त्र का वर्णन करते हुए लिखते हैं कि कपड़ों का चटक रंग है, कुंडल का धीरे से हिलना मन को मुग्ध कर रहा है, वे भौंहें मटकाकर आँखें दिखा रहे हैं। गुण और रूप की राशि मोहन बाँसुरी बजाकर तन-तपा रहे हैं। ऐ बनवारी! मैं तेरी बलिहारी जाता हूँ। मेरी गली में आकर एक मीठी तान गाओ। हे नंद के किशोर! मेरे चित्तचोर, मोरपंख वाले, बंसीवाले साँवरे, प्यारे, यहाँ आओ न।

जल की न घट भरैं मग की न पग धरैं
घर की न कछु करें बैठी भरें साँसुरी!
एके सुनि लोट गईं एके लोट-पोट भईं
एकनि के दृगनि निकसि आए आँसुरी।।

कहे रसखानि सो सबै ब्रज बनिता बधि
बधिक कहाय हाय भई कुलहाँसुरी।
करिये उपाय बाँस डारिए कटाय
नाहि उपजैगो बाँस नाहिं बाजे फेरि बाँसुरी।।

न वे जल भरने जाती हैं, न रास्ते पर पाँव रखती हैं, न ही घर का कुछ काम करती हैं। बस बैठे-बैठे साँस लेती रहती हैं। बाँसुरी की आवाज सुनकर एक तो लोट गई (खुशी के मारे गिर गई); एक लोट-पोट हो गई (प्रसन्नता से हर्षित हो गई) तो एक की आँखों से आँसू निकल आए। रसखान कहते हैं कि सभी ब्रज-वनिताएँ (गोपियाँ) श्रीकृष्ण के कुल की हँसी उड़ा रही हैं। कोई उपाय कीजिए और सारे बाँस कटवा डालिए; क्योंकि न तो बाँस रहेगा और न बाँसुरी बजेगी।

एक समै इक गोपवधू भइ बावरी नेकु न अंग सँभारै।
माय सुगाय के टौना सों ढूँढ़ति सासु सतानी सयानी पुकारै।।
यों रसखानि कहै सिगरो ब्रज आन की आन उपाय बिचारै।
कोउ न मोहन के कर तें यह बैरिनि बाँसुरिया गहि डारै।।
आज भटू इक गोप वधू भई बावरी नेकु न अंग सँभारै।
मात अघात न देवनि पूजन सासु सयानी सयानी पुकारै।।
यों रसखानि घिस्यो सिगरो ब्रज कौन को कौन उपाय बिचारै।
कोउ न कान्ह के करते वहि वैरनि बाँसुरिया गहि डारै।।
जादिन ते वह नंद को छोहरो या वन धेनु चराइ गयो है।
मीठिहि ताननि गोधन गावत बेनु बजाइ रिझाहि गयो है।।
वादिन सौं कछु टोना सौं के रसखानि हिये में समाइ गयो है।
कोऊ न तहु की कानि करै सिगरों ब्रज वीर बिलाइ गयो है।।
ए सजनी वह नंद को साँवरो या वन धेनु चराइ गयो है।
मोहिनी ताननि गोधन गावत बेनु बजाइ रिझाइ गयो है।।
या ही घरी कछु टोना सौं के रसखानि हिय में समाइ गयो है।
कोऊ न काहू की बात सुनै सिगरो ब्रज वीर बिकाइ गयो है।।

एक समय एक गोपी दीवानी हो गई। उसे अपना शरीर सँभालने का भी होश नहीं है। उसकी सास कहती है कि उसे मार्ग में कहीं टोना लग गया है। रसखान कहते हैं कि ब्रज की प्रतिष्ठा के लिए जल्दी-से-जल्दी कोई उपाय खोजने की जरूरत है। कोई मोहन के हाथों से लेकर यह बाँसुरी फेंक दे, क्योंकि आज तो बस एक गोपी दीवानी हुई है, जिसे अपना ही होश नहीं है। उसकी माता देवी-देवताओं को मना रही है। सास उसे पुकार रही है। यही सारे ब्रज में हो गया तो कौन-कौन उपाय सोचेगा? इसका सबसे अच्छा उपाय है कि कोई कृष्ण के हाथों से बाँसुरी लेकर फेंक दे। जिस दिन से वह नंद का लड़का इस वन में गाय चराकर गया है, मीठी तान में बाँसुरी बजाकर मोह में डाल गया है, उसी दिन से कोई टोना (जादू) रसखान के दिल में समा गया है। इस बात पर कोई भी ध्यान नहीं देता। लगता है जैसे ब्रज के सारे वीरों की वीरता छिन गई है।

बागन काहे को जाओ पिया घर बैठे ही बाग लगाय दिखाऊँ।
एड़ी अनार-सी मौर रही, बहिया दोउ चंपे-सी डार नवाऊँ।।
छातिन मैं रस के निबुआ अरु घूँघट खोलि के दाख चखाऊँ।
ढाँगन के रस के चसके रति फूलनि की रसखानि लुटाऊँ।।
अंगनि अंग मिलाइ दोऊ रसखानि रहे लिपटे तरु छाहीं।
संगति संग अनंग को रंग सुरंग सनी पिय दे गलबाहीं।।
बैन ज्यौं मैन सुऐन सनेह की लूटि रहे रति अंतर जाहीं।
नीबी गहै कुच कंचन कुंभ कहै बनिता पिय नाहीं जु नाहीं।।

एक युवती अपने प्रिय को बाग जाने से रोकते हुए कहती है कि तुम बाग में क्यों जा रहे हो? मैं तुम्हें घर में बैठे-बैठे ही बाग की सैर कराके दिखा सकती हूँ। मेरी एड़ी का रंग अनार के फूल-सा है एवं दोनों बाँहें चंपा की डाली जैसी तुम्हारे गले में डाल दूँगी। नींबू के रस का आनंद मेरी छाती में है एवं घूंघट खोलकर तुम्हें दाख का स्वाद चखा दूँगी। मेरे गालों में फूलों का रस है जिसे मैं तुम पर लुटा रही हूँ। हम दोनों अंग

से अंग मिलाकर उसी प्रकार रहेंगे, जैसे तुम पेड़ों की छाँव में बैठते हो। हमारा साथ कामदेव के रंग (बसंत) की भाँति मादक होगा, जब हम आपस में गले मिलकर लिपटे रहेंगे। मेरी बोली मैना की बोली की भाँति तुम्हारे अंदर रति-सुख भर देगी। युवती मनुहार करती है कि प्रियतम, तुम कहीं मत जाओ।

अयि कहा करि कें कहियों वृषभान लली सों लला दुग जोरत।
ता दिन तै असुआन की धार रही नहीं जद्यपि लोग निहोरत।।
बेगि चलौ रसखान बलाय लौ क्यों अभिमान न भौंह मरोरत।
प्यारे परंदर होर न प्यारी अबै पल आधक में ब्रज बोरत।।
एक समैयक ग्वालनि के ब्रज जीवन पेलत दिस्टि पर्यौ है।
बाल प्रवीन सही करि के सरकाय के मौरन चरि धर्यौ है।
नंद के लाडिले ढाँकि रे सीस दहा मेरो गोबर हाथ भर्यौ है।।

अरे वृषभान की पुत्री (राधा), क्या करें, जबकि लला (श्रीकृष्ण) निरंतर नजरें लगाए बैठे हों। उस दिन से आँसुओं की धारा रुकती नहीं, जबकि लोग विनती करते-करते थक गए हैं। जिस दिन से श्रीकृष्ण की भौंहें फिरी हैं, प्यारे पुरंदर (श्रीकृष्ण) को अब हे राधा प्यारी! खोजो मत। राधा, वह दुःखद समय था जब तुम्हारी दृष्टि श्रीकृष्ण पर पड़ी थी। जब बाल कृष्ण के सिर पर तुमने मोर-मुकुट लगाए थे। जब तुमने कहा था कि हे नंद के प्यारे! मेरा सिर ढँक दो क्योंकि मेरे हाथों में गोबर लगा है और श्रीकृष्ण ने तुम्हारे आँचल से तुम्हारा सिर ढँका था।

सास अहो बरजौ बिटिया जुग बिलौके अलोक लावत है।
मौसु कहै जु कहूँ वह बात कहौं यह कौन कहावत है।।
चाहत काहु के मु-बढ़्यो रसखानि झुके झुक आवत है।
जब ते वह ग्वाल गली में बच्चो तब से मोहि नाच नचावत है।।

सास कहती है कि बेटी, सावधान रहो। सारा संसार श्रीकृष्ण को आते हुए किसी प्रकाश की भाँति देख रहा है। मौसी कहती है कि आखिर वह

है कौन, क्यों प्रेम बढ़ा रही हो। क्यों लुक-छिपकर आ रही हो? रसखान, जब से वह ग्वाला गली में फेरा लगाकर गया है, मुझे बार-बार नाच नचा रहा है।

अधर लगाइ रस प्याइ बाँसुरी बजाइ, मेरो नाम गाइ हाइ जादू कियो मन में।
नटखट नवल सुधर नंदनंदन ने, करि के अचेत चेत हरि के जतन में ।।
झटपट उलट पुलट पट परिधान, जान लागीं लालन पै सबै बाम बन में।
रस रास सरस रंगीलो रसखानि आनि,
जानि जोर जुगुति बिलास कियौ जन में।।

अपने होंठों पर प्यारी बाँसुरी लगाकर श्रीकृष्ण ने उसे बजाया। उस पर मेरा नाम गाकर उन्होंने जैसे जादू-सा कर दिया मन में। नटखट नंदनंदन ने सबको अचेत कर दिया। यहाँ तक कि हरि (पति) की भी सुध नहीं है। झटपट उलटा-पलटा परिधान पहनकर सभी गोपियाँ वन में जाने लगीं। रसखान कहते हैं कि रँगीले श्रीकृष्ण ने क्षण भर में ही सरस-रास का सृजन कर दिया और सबके मन में विलास (श्रीकृष्ण के महारास में रम जाना) उत्पन्न कर दिया।

दूध दुह्यो सीरो पर्‌यौ तातो, न जमायो कर्‌यौ,
जामन दयो सो धर्‌यौ धरयौई खटाई गौ।
आन हाथ आन पाइ सब ही के तब ही तें,
जब ही तें रसखानि तानन सुनाइ गौ।।
ज्यों हरि नर त्यों ही नारी तैसियै तरुन बारी,
कहियै कहा री सब ब्रज बिललाइ गौ।
जानिए न आली यह छोहरा जसोमति को,
बाँसुरी बजाइगौ कि विष बगराइ गौ।।

दूध दुहकर ग्वालिनों ने उसे पूरा-का-पूरा जमाया नहीं, कुछ दूध सिर पर रखकर उसे बेचने चलीं और कुछ में जामन डालकर खटाई (रस्सी से बना एक खोल जिस पर सामान आदि रखा जाता है) पर रख दिया। अभी कुछ ने अपना काम पूरा किया था, कुछ रख ही रही थीं कि तभी

उन्हें बाँसुरी की आवाज सुनाई दे गई। जिस प्रकार हरि (श्रीकृष्ण) पुरुष हैं उसी प्रकार तरुण गोपियाँ नारी हैं। उनके कारण सारा ब्रज काम-धाम भूल गया है। बुद्धिमान लोगो, यह जान लो; यह यसुमति यशोदा का लड़का बाँसुरी क्या बजा गया, जैसे विष बरसा गया।

आज गई हौं नंद भवन में, कहा कहौं गृह चैन री।
चहूँ ओर चतुर लच्छमी कोटिक बुहियत घैन री।।
घूमि रही जित तित दधि मथनो सुनत माध-घुनि लाजै री।
बरनौ कहा सदन की सोभा, बैकुंठहुँ तै राजै री।।
वेलि लई नवबधू जानि जहँ खेलत कुँवर कन्हाई री।
मुख देखत मोहिनी-सी लागे, रूप न वरन्यो जाइ री।।

आज मैं नंद के घर गई थी। क्या कहूँ, उस घर में तो जैसे चैन-ही-चैन (सुख ही सुख) बरसता है। चारों तरफ जैसे लक्ष्मी का वास है। करोड़ों हाथों से जैसे लक्ष्मी वर्षा-सी कर रही हैं। जहाँ-तहाँ दही मथने की मथनी घूमने का स्वर मेघ (बादल) की आवाज को भी मात दे रहा है। कहाँ तक उस घर की शोभा का वर्णन करूँ। वह घर तो जैसे वैकुंठ की शोभा को भी मात दे रहा है। वहाँ नव-वधुओं की भीड़-सी लगी रहती है, जहाँ कुँवर कन्हाई खेलते हैं। उनका मुख देखते ही जैसे हर कोई मोहित हो जाता है। उनका रूप-वर्णन नहीं किया जा सकता अर्थात् श्रीकृष्ण का मोहिनी रूप अवर्णनीय है।

डहडही बैरी मंजुडार सहकार की पै, चहचही चुहल चहूँकित अलीन की।
लहलही लोनी लता लपटी तमालन पै, कहकही तापै कोकिला की काकलीन की।।
तहतही करि रसखानि के मिलन हेत, बहबही बानि तजि मानस मलीन की।
महमही मंद-मंद मारुत मिलनि तैसी, गहगही खिलनि गुलाब की कलीन की।।

बैरी फूलों की डाली महकती हुई अपने सहकार से लिपटी है। चहचहाती चिड़ियाँ अपने सखा के साथ छेड़छाड़ कर रही हैं। लहराती हुई चंपा की डाली वृक्षों से लिपटी पड़ी है। अपने मन की मलिनता

त्यागकर हवा धीरे-धीरे बह रही है। गुलाबों की कलियाँ चारों तरफ खिल गई हैं। ऐसे में बैरी कान्हा नहीं हैं।

कहा रसखानि सुख-संपति सुमार कहा,कहा तन जोगी ह्वै लगाए अंग छार कौ।
कहा साधे पंचानल, कहा सोए बीच जल,कहा जीति लाए राज सिंधु आर-पार कौ।।
जप बार-बार, तप संजम वयार-व्रत,तीरथ हजार अरे बूझत लबार कौ।
कीन्हौ नहीं प्यार नहीं सेयौ दरबार चित,चाह्यौ न निहार्‌यौ जौ पै नंद के कुमार कौ।।

श्रीकृष्ण-प्रेम की तुलना सांसारिक सुखों से करते हुए रसखान कहते हैं कि सुख का सार संपत्ति में कहाँ है? क्या मिलेगा योगी होकर, शरीर में मन रमाने से। पंचाग्नि के साधने से क्या सध जाएगा? क्या होगा पानी के बीच सोने से, अगर समुद्र के पार के सारे राज्य भी जीत लाए तो क्या मिल जाएगा? बार-बार जप, तप, संयम अथवा व्रत भी क्या हैं? हजार तीरथ करनेवाले को भी हम झूठा ही समझते हैं। जिन्होंने प्यार नहीं किया, जिनके चित्त में प्रियतम के प्रति स्नेह नहीं, जो नंदकुमार श्रीकृष्ण को निहारना नहीं चाहते, उनका जीवन व्यर्थ ही है।

ए री आजु काल्हि सब लोक-लाज त्यागि दोऊ,
सीखे हैं सबे बिधि सनेह सरसाइबो।
यह रसखानि दिना द्वै मैं बात फैलि जैहै,
कहाँ लौं सयानी चंदा हाथन छिपाइबो।।
आजु हौ निहार्‌यौ वीर निपट कालिंदी तीर,
दोउन को दोउन सों मुरि मुसकाइबो।
दोऊ परें पैयाँ दोऊ लेत हैं बलैयाँ उन्हें
भूलि गई गैयाँ इन्हें गागर उजाइबो।।

ऐ लोगो, आजकल मैंने सब लोक-लाज त्याग दी है। सब प्रकार से बस अपने स्नेही के प्रेम में मग्न हूँ। रसखान, बस एक-दो दिन में यह बात चारों तरफ फैल जाएगी। आखिर चाँद को कोई हाथों से कब तक छिपा पाएगा। आज ही मैं यमुना के निकट उन्हें भर नेत्रों

से निहारूँगा। दोनों आँखें जब एक होकर हँसेंगी तो दोनों होंठ मुसकराएँगे। दोनों हाथ दोनों पैरों पर पड़ेंगे तथा उनकी बलाएँ लेंगे।

आज गई हुती भोर ही हौं रसखानि रई वहि नंद के भौनहिं।
वाको जियो जुग लाख करोर जसोमति को सुख जात कह्यौ नहिं।।
तेल लगाइ लगाइ के अंजन भौहैं बनाइ-बनाइ डिठौनहिं।
डालि हमेलनि हार निहारत वारत ज्यौ चुचकारत छौनहिं।।
धूरि भरे अति सोभित श्यामजू तैसी बनी सिर सुंदर चोटी।
खेलत खात फिरै अँगना पग पैंजनी बाजति पीरी कछौटी।।
वा छवि कों रसखानि बिलोकत वारत काम कलानिधि कोटी।
काग के भाग बड़े सजनी हरि-हाथ सौं लै गयो माखन रोटी।।

रसखान यशोदा के सुख का वर्णन करते हुए कहते हैं—आज मैं भोर होते ही यशोदा के घर गया था। चाहे लाखों-करोड़ों मुख से वर्णन किया जाए, परंतु यशोदा का सुख कहा नहीं जाता। उन्होंने श्रीकृष्ण को तेल लगाकर, अंजन (काजल) लगाकर, भौंहें सँवारकर, डिठौनी (किसी की नजर न लगे, इसलिए काजल का टीका) लगा दिया है। हेमलता का हार पहनाकर उनकी बलाएँ लेती हैं, उन्हें प्यार करती हैं। जब श्रीमाधव धूल से भरे आते हैं तो उनके सिर पर सुंदर बनी चोटी अति सुंदर लगती है। वे खेलते हुए खाते हैं तथा यशोदा के आँगन में घूमते-फिरते हैं। उनके पैरों की पायल मधुर स्वर में बज रही है। रसखान कहते हैं, उस छवि को देखकर ऐसा लगता है मानो करोड़ों कामदेवों का सौंदर्य भी उसके सामने फीका पड़ गया है। सखी, उस कौए का बड़ा सौभाग्य है, जो श्रीकृष्ण के हाथों से माखन-रोटी ले गया।

वेई ब्रह्म ब्रह्मा जाहि सेवत हैं रैन-दिन,
सदासिव सदा ही धरत ध्यान गाढ़े हैं।
वेई विष्णु जाके काज मानी मूढ़ राजा रंक,
जोगी जती ह्वै के सीत सह्यौ अंग ठाढ़े हैं।।
कोई ब्रजचंद रसखानि प्रान प्रानन के,

जाके अभिलाख लाख लाख भाँति बाढ़े हैं।
जसुधा के आगे वसुधा के मान-मोचन ये,
तामरस लोचन खरोचन कौं ठाढ़े हैं।।

श्रीकृष्ण के ब्रह्म-स्वरूप का ध्यान करते हुए रसखान कहते हैं कि वे वही हैं, जिनकी ब्रह्म रात-दिन सेवा करते हैं। सदाशिव जगद्‌गुरु शिवशंकर भी अपनी योग समाधि में ध्यान करते हैं। वे ही विष्णु हैं जो राजा, रंक, मूर्ख, विद्वान् सबका पालन करते हैं। योगी-संन्यासी शीत-हवा सहकर उनकी अनुकंपा प्राप्त करने के लिए खड़े रहते हैं। रसखान के प्राणों के प्राण ब्रजनाथ जिनका गुण अपरिमित है। जसोदा के प्राणाधार, पृथ्वी के शोक को हरनेवाले। काले नयनोंवाले श्रीकृष्ण-कन्हैया खड़े हैं।

डरै सदा चाहै न कछु, सहै सबै जो होइ।
रहै एक रस चाहि के, प्रेम बखानौ सोइ।।

जो सदा उनकी (कृष्ण की) जुदाई से डरता है, जो कुछ चाहता नहीं। जो सबकुछ सहकर भी कुछ नहीं चाहता। जो सदा एकरस रहता है, उसी का प्रेम वर्णन करने योग्य है।

बैन वही उनको गुन गाइ औ, कान वही उन बैन सों सानी।
हाथ वही उन गात सरै अरु पाइ वही जु वही अनुजानी।।
ज्ञान वही उन आन के संग औ, मान वही जु करै मनमानी।
त्यौं रसखानि वही रसखानि जु है रसखानि सों है रसखानी।।

बोली वही है, जो सदा उनका (श्रीकृष्ण का) गुणगान करती रहे। कान वही सार्थक हैं, जो सदा उनका ही वर्णन सुनते रहें। हाथ वही, जो उनकी उपासना-प्रणाम करने के लिए उठें और पाँव वही सार्थक हैं, जो श्रीकृष्ण का हमेशा अनुसरण करें। ज्ञान वही सार्थक है, जो उनके सम्मान से भरा हो और सम्मान वही श्रेष्ठ है, जो हमेशा दुनिया की रीतियों को त्यागकर मनमानी करता रहे। रसखान वही है, जो उनकी प्रीत के रस से भरा रहे।

प्रान वही जु रहैं रिझि वा पर रूप वही जिहि वाहि रिझायौ।
सीस वही जिसे वे परसे पद अंक वही जिन वा परसायौ।।
दूध वही जु दुहायौ री वाही दही सु सही जु वही ढरकायौ।
और कहाँ लौं कहौं रसखानि री भाव वही जु वही मन भायौ।।

प्राण वही हैं, जो उन पर (श्रीकृष्ण पर) मोहित हों। रूप वही है, जो उन्हें मोहित करने में समर्थ हो। सिर वही सार्थक है, जो उनके पैरों को स्पर्श करे। गोद वही है, जो उन्हें स्पर्श करे। दूध वही है जिसे मदनमोहन कान्हा दूहें। दही वही ठीक है, जिसे वे ठरका (गिरा) दें। रसखान कहाँ तक कहें, बस भाव वही है, जो उनके मन को भा जाए।

कािल्ह पर्‍यौ मुरली-धुनि मैं रसखानि जू कानन नाम हमारो।
ता दिन ते नहिं धीर रह्यौ जग जानि लयौ अति कीनौ पँवारो।

कल जो मुरली की धुन कान में पड़ी, रसखान ऐसा लगा कि वह हमारा नाम पुकार रही है। बस, उसी दिन से धीरज छूट-सा गया है। सारी दुनिया ने समझ लिया है कि मैं दीवाना हो गया हूँ।

मानुष हौं तौ वही रसखानि बसौं ब्रज गोकुल गाँव के ग्वारन।
जो पसु हौं तो कहा बस मेरौ चरौं नित नंद की धेनु मँझारन।।
पाहन हौं तौ वही गिरि को जो धर्‍यौ कर छत्र पुरंदर धारन।
जौ खग हौं तौ बसेरो करौं मिलि कालिंदी कूल कदंब की डारन।।

रसखान अपने भाव प्रकट करते हुए कहते हैं कि हे ईश्वर! अगर मनुष्य का जन्म दें तो बस ब्रज क्षेत्र के गोकुल गाँव के ग्वाले के रूप में हो। अगर जानवर के रूप में ही जन्म हो तो हे प्रभु! मैं रोज नंद की गायों के साथ चरूँ। अगर पत्थर के रूप में जन्म हो तो उसी पर्वत पर रहूँ, जिसे इंद्र के कारण श्रीकृष्ण ने अपनी उँगली पर उठाया था और अगर पक्षी बनूँ तो हमारा बसेरा यमुना के तट पर कदंब की डालों पर हो।

खंजन मीन सरोजन को मृग को मद गंजन दीरघ नैना।
कुंजन तें निकस्यौ मुसकात सु पान भर्‍यौ मुख अमृत बैना।।

जाई रहै मन प्रान बिलोचन कानन मैं रुचि मानत चैना।
रसखानि कर्‌यौ घर मो हिय मैं निसिवासर एक पलौ निकसै ना।।

उनके (श्रीकृष्ण के) दीर्घ नेत्रों की शोभा ऐसी है, जो खंजन पक्षी के नेत्रों की लालिमा, कमल की कोमलता एवं हिरण के नेत्रों की शोभा को भी लजा देती है। वे मधुबन के फूलों की झाड़ियों से मुँह में पान भरे एवं होंठों पर अमृत वचन लिये बाहर निकलते हैं। उन्हें देखकर मन और प्राण दोनों व्याकुल हो उठते हैं। बस चैन उन्हीं गलियों में मिलता है। रसखान, अब तो मैं यहीं घर कर लूँगा और रात-दिन एक पल के लिए भी और कहीं नहीं जाऊँगा।

बार हीं गोरस बेंचि री आजु हूँ माइ के मूड़ चढ़ै कत मौंडी।
आवत जात हीं होइगी साँझ भटू जमुना भतरौंड लो औंडी।।
पार गएँ रसखानि कहै अँखिया कहूँ होहिगी प्रेम कनौडी।
राधे बलाइ लयौ जाइगी बाज आबै ब्रजराज-सनेह की डौंडी।।

आज तो गोरस (दूध) बेचते-ही-बेचते शाम हो गई। आते-जाते ही दिन निकल गया। यह बीच में यमुना रास्ता रोके खड़ी है। उस पार जाने पर ही आँखों को संतोष प्राप्त होगा। परंतु ब्रजराज तो स्नेह के वश में आने वाले हैं, कहीं राधा उन्हें यमुना तट से बुलाकर न ले गई हो।

बन बाग तड़ागनि कुंज गली अँखियाँ सुख पाइ हैं देखि दई।
अब गोकुल माँझ विलोकियैगी वह गोप सभाग सुभाय रई।।
मिलि है हँसि गाइ कबै रसखानि कबै ब्रज बालनि प्रेममई।
वह नील निचोल के घूँघट की छवि देखबी देखन लाजलई।।

वन-बाग एवं फूलों की झाड़ियाँ, जिनमें श्रीकृष्ण रहते हैं, देखकर आँखों को सुकून मिलेगा। अब तो गोकुल में बसे उन सौभाग्यशाली गोपों की सभा में जाकर ही मुझे संतोष होगा। पता नहीं कब वे ब्रज-बालाएँ हँसते-गाते मिलेंगी। कब नील-वस्त्र धारण करनेवाली गोप-बालाओं की छवि देखने को मिलेगी।

बंक बिलोकन हँसनि मुरि मधुर बैन रसखानि।
मिले रसिक रसराज दोउ हरखि हिये रसखानि।।

तिरछे नैनों से देखकर मुसकराते, मधुर बोली बोलनेवाले श्रीकृष्ण को देखकर रसखान का हृदय हर्षित होता है। जब रसिक और रसराज दोनों मिलते हैं तब रसखान के हृदय में खुशी का संचार होता है।

अति सुंदर री ब्रजराज कुमार महा मृदु बोलनि बोलत है।
लखि नैन की कोर कटाछ चलाई के लाज की गाँठन खोलत है।।
सुनि री सजनी अलबेली लला वह कुंजनि कुंजनि डोलत है।
रसखानि लखें मन बूड़ि गयौ मधि रूप के सिंधु कलोछत है।।

अरे सखी वे ब्रजराज कुमार (श्रीकृष्ण) अति सुंदर हैं। वे अति मधुर बोली बोलते हैं। तिरछे नैनों की कटार चलाकर वे लाज का घूँघट खोल डालते हैं। सुनो सखियो, वे तो कुंज बिहारी हैं। कुंज-कुंज घूमते रहते हैं। यह देखकर रसखान का तो मन ही डूब जाता है। उनके रूप का सागर तो अंदर-ही-अंदर मथता है।

नवरंग अनंग भरी छवि सों वह मूरति आँखि गड़ी ही रहै।
बतियाँ मन की मन ही में रहै, घतियाँ उर बीच अड़ी ही रहै।।
तबहूँ रसखानि सुजान अली नलिनो दल बूँद पड़ी ही रहै।
जिय की नहिं जानत हौं सजनी, रजनी अँसुवान लड़ी ही रहै।।

कामदेव के समान शोभायमान वह प्रेममयी मूर्ति आँखों में गड़ी रही। मन की बात मन में ही रह गई। संकोच हमारे बीच दुविधा बना अड़ा रहा। मेरी स्थिति उसी प्रकार से हो रही थी जिस प्रकार कमल-दल पर जल की बूँदें पड़ी रहती हैं। मन की हालत ऐसी थी, जिसे मैं कह नहीं सकती। बस, रात भर आँसुओं की बरसात होती रही।

फूलत फूल सबे बन बागन बौलत भौंर बसंत के आवत।
कोयल की किलकार सुनै सब कंत बिदेसन ते धावत।।

ऐसे कठोर महा रसखान जू नेकहु मोरी ये पीर न पावत।
हूक-सी सालत हिय में जब बैरिन कोयल कूक सुनावत।।

बागों में फूल खिले हुए हैं। बसंत के आगमन के साथ ही भौंरे बोलने लगे हैं। कोयल की किलकार सुनकर सभी के पति विदेश से घर आने के लिए भाग रहे हैं; परंतु रसखान, मेरे प्रियतम ऐसे कठोर हैं, जो मेरी यह पीड़ा नहीं समझते। यह दुश्मन कोयल जब मधुर स्वर में गीत गाती है तो एक हूक-सी उठती है।

नाह-वियोग बढ़्यो रसखानि मलीन महादुति देह तिया की।
पंकज सों मुख गौ मुरझाई लगीं लपटैं बरि स्वाँस हिया की।।
ऐसे में आवत कान्ह सुने हुलसें तरकी जु तनी अँगिया की।
यों जग जोति उठी अंग की उसकाइ दई मनौ बाती दिया की।।

बेकार में वियोग (दूरी) का दुःख बढ़ रहा है। उज्ज्वल प्रकाश की भाँति चमकता शरीर मलिन हो गया है। कमल-पुष्प के समान मुख मुरझा गया है। साँसों से अग्नि के समान लपटें निकल रही हैं। ऐसे में कान्हा (श्रीकृष्ण) के आने की बात सुनकर अँगिया की डोरी तन गई है। शरीर की कांति उसी प्रकार जल उठी है जिस प्रकार दीये की बाती को किसी ने ऊपर कर दिया हो।

अँखियाँ सौं सकाइ मिलाइ हिलाइ रिझाइ हियो हरिबो।
बतियाँ चित चौरन चेटक सी रस चारु चरित्रन ऊचरिबौ।।
रसखान के प्रान सुधा भरिबो अधरान पै त्यों अधरा धरिबौ।
इतने सब मैन के मोहनी जंत्र पै मंत्र बसीकर सी करिबौ।।

आँखों को मिलाकर मैं उन्हें रिझाऊँगा (मोहित करूँगा), बातों को सम्मोहन के रूप में प्रयोग कर मैं उन्हें 'प्रिय' संबोधन करूँगा। रसखान के प्राणों को तब अमृत मिल जाएगा जब मैं उनके होंठों पर होंठ रखूँगा। इतना सब करके मैं उन्हें मोहनी यंत्र से बस में करूँगा, अर्थात् मोहन पर वशीकरण करने के यही यंत्र होंगे।

स्रवन कीरतन दरसनहिं जो उपजत सोइ प्रेम।
सुद्धासुद्ध बिभेद तें द्वैबिध ताके नेम।।

जिस मनुष्य के हृदय में उनका गुणगान सुनने से, उनके कीर्तन से, उनके दर्शन से प्रेम की उत्पत्ति हो जाए; जो शुद्ध और अशुद्ध विवेक का अपने अंदर पूर्ण निर्णय कर सके, वही सही अर्थ में अपने धर्म का पालन कर सकता है।

जोहन नंदकुमार की गई नंद के गेह।
मोहि देखि मुसकाइ के बरस्यौ मेह सनेह।।

नंदकुमार (श्रीकृष्ण) को खोजने मैं उनके घर गई, तब मुझे देखकर वे धीरे से मुसकराए। सखी, मुझे ऐसा लगा जैसे स्नेह के बादलों से बरसात हो रही है।

प्रीतम नंद किसोर जा दिन ते नैननि लग्यौ।
मन भावन चित चोर पलक औट नहि सहि सकौं।।

अपने प्रियतम नंदकिशोर श्रीकृष्ण से जिस दिन से नैन लड़े हैं (प्रेम उपजा है), उस दिन से उस मनभावन मनमोहन को एक क्षण के लिए भी मैं अपने से अलग नहीं कर सकती। यह मुझे सहन नहीं होता।

कारज-कारन रूप यह, प्रेम अहै रसखान।
कर्ता कर्म क्रिया करन, आपहि प्रेम बखान।।

क्रिया और कारण का जो मूल भाव है, वह श्रीकृष्ण का यह रूप ही है। रसखान उनके प्रेम का बखान करते हैं। क्योंकि कर्ता-कर्म-क्रिया और कारण (तन-मन-बुद्धि और आत्मा) अपने आप ही इस प्रेम का वर्णन करते हैं।

मित्र क्लत्र सुबंधु सुत, इनमें सहज सनेह।
सुद्ध प्रेम इनमें नहीं अकथ कथा सबिसेह।।

मित्र, पत्नी, रिश्तेदार, बंधु-बांधव और पुत्र—इनसे तो सहज ही प्रेम

होता है। परंतु इनमें शुद्ध प्रेम का भाव नहीं होता। युगों-युगों से यह बात सभी जानते हैं। अर्थात् शुद्ध प्रेम का भाव केवल श्रीकृष्ण-प्रेम में ही है।

प्रेम हरी कौ रूप है, त्यौं हरि प्रेम-सरूप।
एक होय द्वै यौं लसै, ज्यों सूरज औ' धूप।।

प्रेम श्रीहरि का ही रूप है एवं श्रीहरि भी प्रेम स्वरूप ही हैं। दो होते हुए भी ये दोनों एक ही हैं। ये उसी प्रकार हैं जिस प्रकार सूरज और धूप, जो दो दिखाई देते हुए भी एक ही हैं।

जग में सब जान्यौ परै अरु सब कहै कहाइ।
पै जगदीस रु प्रेम यह दोऊ अकथ लखाइ।।

संसार में सभी अपने दिखाई देते हैं और सभी अपने कहे जाते हैं। परंतु श्री जगदीश का प्रेम अकथ है—अर्थात् इस प्रेम का वर्णन नहीं किया जा सकता।

कमल तंतु सौं हीन अरु कठिन खड्ग की धार।
अति सूधी टेढ़ौ बहुरि, प्रेम पंथ अनिवार।।

कमल की कोमल डंडी से भी कोमल है और कठोर तलवार की धार से भी कठोर है। यह प्रेम की डगर है, जो अति सीधी है और अत्यंत ही टेढ़ी है। यह रास्ता वह है, जिसका कोई विकल्प नहीं है।

स्वारथमूल असुद्ध त्यौं सुद्ध स्वभाव' नुकूल।
नारदादि प्रस्तार करि, कियौ जाहि को तूल।।

जिसमें स्वार्थ की भावना मूल रूप से विद्यमान है, वह भाव अशुद्ध (अपवित्र) है। शुद्ध भाव तो स्वार्थ से पूर्णतया परे होता है। इसी प्रेम की शुद्धता का भाव नारदादि ऋषियों ने विस्तारित किया है। यही वह भाव है, जो प्रेम में विद्यमान है।

रसमय स्वाभाविक बिना स्वारथ अचल महान।
सदा एक रसयुद्ध सोइ, प्रेम अहै रसखान।।

बिना किसी स्वाभाविक कारण के जो रसमय है, जिसका स्वार्थ (विचार) महान् है, जो सदैव एक रसमय आवेग से भरा हुआ है, हे रसखान! वही तो प्रेम है।

बिन गुन जोबन यप घन, बिन स्वारथ हित हानि।
सुद्ध कामना तें रहित, प्रेम सकल रसखानि।।

बिना किसी गुण के यौवन, बिना भाव का जप, बिना स्वार्थ के हित की हानि होती है। परंतु शुद्ध रूप से जो कामना-रहित है वही संपूर्ण रूप से प्रेम है।

इक अंगी बिनु कारनहि, इक रस सदा समान।
गनहि प्रियहि सर्वस्व जो, सोई प्रेम प्रमान।।

जो बिना किसी कारण एकांतवासी हो उठता है। जो सदा एक समान बना रहता है। जो अपने प्रिय को अपने संपूर्ण रूप से सर्वस्व समझता है, वही प्रमाणित रूप से प्रेम है।

आनंद अनुभव होत नहिं बिना प्रेम जग जान।
के वह विषयानंद के ब्रह्मानंद बखान।।

बिना प्रेम के इस संसार में कोई आनंद नहीं होता। सारा संसार सूना-सूना लगता है। यह विषयों का आनंद (सांसारिक भौतिक सुख) उस ब्रह्मानंद का आनंद क्या समझेगा।

ज्ञान कर्म रु उपासना, सब अहमिति को मूल।
दृढ़ निस्चय नहिं होत, बिन किए प्रेम अनुकूल।।

ज्ञान, कर्म, पूजा-पाठ सभी सांसारिक भावों के मूल से उत्पन्न होते हैं। सही निर्णय करने का सामर्थ्य तो तब मिलता है, जब प्रेम अनुकूल हो।

ज्ञान ध्यान बिद्यामती, मत विश्वास बिबेक।
बिना प्रेम सब धूरि हैं, अगजग एक अनेक।।

ज्ञान, ध्यान, विद्या और विवेक, विचार एवं विश्वास–सभी कुछ प्रेम के बिना धूल के समान हैं, क्योंकि यह ब्रह्मांड एवं संसार तो अनेक हैं, परंतु प्रेम तो हर जगह एक ही है।

सास्त्रन पढ़ि पंडित भए, के मौलवी कुरान।
जु पै प्रेम जान्यौ नहीं, कहा कियौ रसखान।।

शास्त्रों को पढ़कर पंडित हो गए एवं कुरान पढ़कर मौलवी हो गए। परंतु जो प्रेम को नहीं जानते, उन्होंने क्या पढ़ा और क्या किया।

काम क्रोध मद मोह भय लोभ द्रोह मात्सर्य।
इन सब ही तें प्रेम है, परे कहत मुनिवर्य।।

काम, क्रोध, मद, मोह, भय, लोभ, द्रोह तथा ईर्ष्या—ये सब संसार में रहने वालों को व्याप्त करते हैं; परंतु प्रेम तो इन सब भावों से परे है, ऐसा मुनि लोग कहते हैं।

बिन गुन जोबन रूप धन, बिन स्वारथ हित जानि।
सुद्ध कामना तें रहित प्रेम सकल रसखानि।।

रसखान कहते हैं कि बिना गुण के यौवन, रूप एवं धन व्यर्थ है, बिना स्वार्थ लोग अपना हित नहीं जानते। परंतु प्रेम तो शुद्धतः कामना (इच्छा) से अलग है, प्रेम सभी रसों की खान है, अर्थात् प्रेम में ही सब रस समाहित हैं।

प्रेम अगम अनुपम अमित सागर सरिस बखान।
जो आवत यहि ढिग बहुरि जात नहीं रसखान।।

रसखान कहते हैं कि प्रेम अगम्य (जिसको जाना न जा सके) अनुपम (जिसकी कोई उपमा न दी जा सके), सागर की भाँति अत्यंत गहरा एवं रसपूर्ण है। जो एक बार प्रेम रूपी सागर के तट तक आ जाता है वह फिर वापस नहीं जा पाता।

प्रेम प्रेम सब कोउ कहै, कठिन प्रेम की फाँस।
प्रान तर फिर निकरै नहीं, केवल चलत उसाँस।।

प्रेम-प्रेम तो सभी कहते हैं, परंतु इस प्रेम का जो बंधन है वह अत्यंत कठिन है। इसमें प्राण तड़पता तो है, परंतु निकलता नहीं, केवल उलटी साँस ही चलती है।

अति सूक्ष्म कोमल अतिहि, अति पतरो अति दूर।
प्रेम कठिन सब ते सदा, नित इक रस भरपूर।।

प्रेम के स्वरूप का वर्णन करते हुए रसखान कहते हैं कि यह अति सूक्ष्म, अति कोमल, अति एकांत एवं अत्यंत ही दूर है। यह प्रेम सबसे ज्यादा कठिन है, जो रोज ही एक नए रस से भरा होता है।

पै एतो हू हम सुन्यौ, प्रेम अजूबो खेल।
जाँ बाजी बाजी जहाँ दिल का दिल से मेल।।

मैंने तो बस इतना सुना है कि यह प्रेम एक अजूबा खेल होता है, जहाँ जान और दिल की बाजी लगती है और जहाँ दिल ही दिल से मिलता है।

दंपति सुख अरु विषय रस पूजा निष्ठा ध्यान।
इन तें परे बखानियै शुद्ध प्रेम रसखान।।

रसखान कहते हैं कि दंपति-सुख (पारिवारिक सुख) एवं विषय-सुख (इंद्रियों द्वारा अनुभव किया जानेवाला राग-भोग आदि), पूजा-पाठ और ध्यान—ये सब लौकिक हैं। प्रेम को इन सबसे अलग जानिए, क्योंकि शुद्ध प्रेम लौकिक नहीं होता।

इक अंगी बिनु कारणहि इकरस सदा समान।
गनै प्रियहि सर्वस्य जो सोइ प्रेम प्रमान।।

बिना कारण जो एकांगी हो जाए, जो हमेशा एकरस रहे, जो अपने प्रियतम को ही अपना सबकुछ मानता हो, उसी का प्रेम शुद्ध प्रेम है।

हरि के सब आधीन, पै हरी प्रेम-आधीन।
याही तें हरि आपुहीं, याहि बड़प्पन दीन।।

संपूर्ण संसार ईश्वर के अधीन है, परंतु ईश्वर स्वयं प्रेम के अधीन है। प्रभु ने अपने आप ही प्रेमियों को यह श्रेष्ठता प्रदान की है।

सिर काटौ छेदौ हियो, टूक-टूक करि देहु।
पै याके बदले बिहँसि वाह वाह ही लेहु।।

चाहे सिर काट दो, हृदय को छेदकर टुकड़े-टुकड़े कर दो, परंतु इसके बदले हँसकर सारी दुनिया की वाहवाही (शाबाशी) लो।

कारज कारन रूप यह, प्रेम अहै रसखान।
कर्ता कर्म क्रिया करन, आपहि प्रेम बखान।।
जातें उपजत प्रेम सोइ, बीज कहावत प्रेम।
जामैं उपजत प्रेम सोइ, क्षेत्र कहावत प्रेम।।

प्रेम बहुविधि-बहुप्रकार होते हुए भी संपूर्ण रूप से एक है। इसका वर्णन करते हुए रसखान कहते हैं कि जिसमें प्रेम पैदा होता है वह भी प्रेम ही कहलाता है, जिससे प्रेम उत्पन्न होता है वह बीज भी प्रेम ही है, जिस क्षेत्र (खेत) में प्रेम पैदा होता है वह भी प्रेम ही है।

जाते पनपत बढ़त अरु फूलत-फलत महान।
सो सब प्रेमहिं प्रेम यह कहत रसिक रसखान।।

रसखान कहते हैं कि जिसमें पैदा होकर मानव बढ़ता, फलता, फूलता है तथा श्रेष्ठ बनता है वह सब मात्र प्रेम ही प्रेम है, ऐसा रसिक रसखान कहते हैं।

वही बीज अंकुर वही, सेक वही आधार।
डाल-पात फल-फूल सब वही प्रेम सुखमार।।

बीज भी वही है एवं अंकुर भी वही है, वही नेत्र भी है तथा वही आधार भी है। डाल-पात, सब वही प्रेम है।

जो जातें जामैं बहुरि जा हित कहियत वेष।
सो सब प्रेमहिं प्रेम है, जग रसखानि असेष।।

जिसमें जाने के बाद वापस लौटने की संभावना नहीं होती, जिसके कारण यह मानव-वेष मिला है, वह सब प्रेम ही प्रेम है। इसके अलावा समस्त संसार असार (अर्थहीन) है।

प्रेम-फाँस मैं फँसि मरै, सोई जियै सदाहि।
प्रेम-मरम जाने बिना, मरि कोउ जीवत नाहिं।।

जो लोग प्रेम की जिज्ञासा में प्रेम की अभिलाषा करते हुए मर जाते हैं, वे सदा ही जीवित रहते हैं, परंतु प्रेम के अर्थ को जाने बिना जो मर गया; वह कभी जीवित नहीं हो सकता।

जग में सब ते अधिक अति, ममता तनहिं लखाइ।
पै या तनहूँ ते अधिक, प्यारो प्रेम कहाइ।।

संसार में सबसे ज्यादा ममता लोगों को शरीर से होती है। परंतु प्रेम के लिए तन से ज्यादा प्रेम अपने प्रियतम के प्रति हो तो वही सच्चा प्रेम कहलाता है।

जेहि पाए बैकुंठ अरु, हरि हूँ की नहिं चाहि।
सोइ अलौकि असुद्ध सुभ, सरस सुप्रेम कहाहि।।

जिसको पाने के बाद वैकुंठ तथा ईश्वर को भी प्राप्त करने की इच्छा नहीं होती, वही अलौकिक, शुभ, शुद्ध, सरस रूप प्रेम कहा जाता है।

याही तें सब मुक्ति तें, लही बढ़ाई प्रेम।
प्रेम भए नसि जाहिं सब, बँधे जगत के नेम।।

जहाँ सबकुछ मुक्त है, कुछ भी अप्राप्य नहीं है, उसी प्रेम को बढ़ाने की आवश्यकता है। प्रेम होने पर संसार के सब सुख-दुःख खत्म हो जाते हैं और सांसारिक नियम बँध जाते हैं।

मोहन छवि रसखानि लखि, अब दृग अपने नाहिं।
ऐंचे आवत धनुष से, छूटे सर से जाहिं।।

रसखान कवि कहते हैं कि मदनमोहन श्रीकृष्ण का रूप-दर्शन कर लेने के बाद ये आँखें अब अपनी नहीं रहीं। ये उसी प्रकार परवश हो गई हैं जिस प्रकार धनुष से छूटा तीर।

□

10

रचनावली : सुजान रसखान

सवैया

मानुष हौं तो वही रसखानि बसौं ब्रज गोकुल गाँव के ग्वारन।
जो पशु हौं तौ कहा बस मेरो चरौं नित नंद की धेनु मँझारन।।
पाहन हौं तौ वही गिरि को जो धर्‌यो कर छत्र पुरंदर धारन।
जो खग हौं तो बसेरो करौं मिलि कालिंदी कूल कदंब की डारन।।

रसखान ईश्वर से यह विनती करते हैं कि हे प्रभु! यदि मैं अगले जन्म में मनुष्य बनूँ तो हमेशा गोकुल के ग्वालों के साथ रहूँ; यदि पशु बनूँ तो नंद की गायों के बीच चरूँ और यदि पत्थर बनूँ तो उसी पहाड़ का, जिसे इंद्र के कारण कन्हैया ने छत्र की भाँति धारण किया था। हे जन्मदाता! यदि मुझे पक्षी बनाना तो मेरा बसेरा वहीं कालिंदी के तट पर कदंब की डालियों के ऊपर हो।

या लकुटी अरु कामरिया पर राज तिहूँ पुर को तजि डारौं।
आठहुँ सिद्धि नवो निधि को सुख नंद की गाइ चराइ बिसारौं।।
रसखानि कबौं इन आँखिन सौं ब्रज के बन बाग तड़ाग निहारौं।
कोटिक रौ कलधौत के धाम करील के कुंजन ऊपर वारौं।।

उस कन्हैया के हाथों की लकुटी (छोटी सी लाठी) एवं कंबल पर मैं तो तीनों लोकों का राज छोड़ दूँ। आठों सिद्धि तथा नवों निधियों

का सारा सुख नंद की गायों को चराकर भुला दूँ। भक्ति के भाव में विभोर रसखान कहते हैं कि कभी इन आँखों से ब्रज के वन, बाग आदि निहारने का अवसर मिले तो करोड़ों वैकुंठ धाम उस मधुवन की झाड़ियों के ऊपर न्योछावर कर दूँ।

मोरपखा सिर ऊपर राखिहौं गुंज की माल गरें पहिरौंगी।
ओढ़ि पितंबर लै लकुटी बन गोधन ग्वारनि संग फिरौंगी।।
भावतो वोहि मेरो रसखानि सों तेरे कहे सब स्वाँग करौंगी।
या मुरली मुरलीधर की अधरान धरी अधरा न धरौंगी।।

मोर के पंखों को सिर के ऊपर (मुकुट में) रखे हैं तथा गुंजों की माला गले में पहने हैं। पीतांबर ओढ़कर लकुटी (छोटी सी लाठी) लेकर गोधन तथा ग्वालों के संग-संग घूम रहे हैं। रसखान कहते हैं कि हे प्रभु! मुझे वही अच्छा लगता है, जो तुम्हें अच्छा लगता है। हे प्रभु! जो तुम कहोगे, मैं वही स्वाँग (नाटक) करूँगा अथवा मुरली मुरलीधर के अधरों पर नहीं चढ़ेगी।

एक समै मुरली धुनि मैं रसखानि लियो कहुँ नाम हमारी।
ता दिन तें परि बैरी बिसासिनि झाँकन देती नहीं है दुवारो।।
होत चबाव बचाओं सु क्यों करि क्यों अलि भेंटिए प्रान पियारो।।

एक बार रसखान, मुरली की धुन बजाते हुए मनमोहन ने कभी हमारा नाम ले लिया, उसी दिन से मेरी साँस मेरी वैरी हो गई है। अब तो वे हमें दरवाजे पर भी झाँकने नहीं देतीं। प्रतिदिन तरह-तरह की बातें करती हैं। अब तुम्हीं बताओ, कैसे उस प्राण-प्यारे सखा से मुलाकात होगी? जब से उन पर नजर पड़ी है, तभी से प्राण गले में अटक गए हैं।

गावैं गुनी गनिका गंधरब औ सारद सेस सबै गुन गावत।
नाम अनंत गनंत गनेस ज्यौं ब्रह्मा त्रिलोचन पार न पावत।।

जोगी जती तपसी अरु सिद्ध निरंतर जाहि समाधि लगावत।
ताहि अहीर की छोहरियाँ छछिया भरि छाछ पै नाच नचावत।।

जिनके गुणों का गान गणिकाएँ (अप्सराएँ), गंधर्व (संगीत-प्रिय देवयोनि), शारदा (सरस्वती) और शेष (शेषनाग)-सभी मिलकर जिनका गुण गाते हैं, जिनका नाम अनंत है, जिन्हें गिनते हुए गणेश तथा त्रिनेत्रधारी शिव भी पार नहीं पाते; जिनके जोगी, जती, तपसी तथा सिद्ध निरंतर समाधि लगाते हैं, उन्हीं परब्रह्म परमेश्वर को यादवों की लड़कियाँ अर्थात् गोपियाँ एक कटोरा छाछ पर नचाती हैं।

खेलत फाग सुहाग भरी अनुरागहिं लालन को धरि के।
मारत कुंकुम केसरि के पिचकारिन से रँग कों भरि के।।
गेरत लाल गुलाल लली मनमोहिनि मौज मिटा करि के।
जात चली रसखानि अली मदमस्त मनों मन कों हरि के।।

भगवान् श्रीकृष्ण अनुराग से भरे हुए ब्रज की ललनाओं को पकड़कर होली खेलते हैं। कुंकुम और केसर से भरी पिचकारी मारते हैं, जो रंगों से भरी हुई हैं। वे मनमोहिनी (राधा) को मौज में आकर लाल गुलाल मलते हैं। हे रसखान! सखियों की होली मदमस्त-सी हरि के मन को चुराकर चली जा रही है।

कान्ह भए बस बाँसुरी के अब कौन सखी हमकों चहिहै।
निस द्यौस रहे सँग साथ लगी यह सौतिन तापन क्यों सहिहै।।
जिन मोहि लियो मनमोहन को रसखानि सदा हमकों दहिहै।
मिलि आओ सबै भाग चलें अब तो ब्रज मैं बाँसुरी रहिहै।।

ऐ सखी, कान्हा (श्रीकृष्ण) तो अब बाँसुरी के बस में हो गए हैं। अब हमें कौन चाहेगा? यह तो हमेशा मनमोहन के साथ लगी रहती है। यह सौतन (बाँसुरी) भला विरह का ताप क्यों सहेगी? यह ताप हम गोपियों को ही सहना होगा। जिसने मनमोहन को मोह लिया है, वह तो अब सदा हमको जलाती रहेगी। आओ सखी, अब हम सब मिलकर भाग

चलें, क्योंकि अब तो ब्रज में बाँसुरी ही रहेगी।

काह कहूँ सजनी सँग की रजनी नित बीतै मुकुंद को हेरी।
आवन रोज कहै मनभावन आवन की न कबौं करि फेरी।।
सौतिन भाग बढ़्यौ ब्रज में जिन लूटत हैं निसि रंग घनेरी।
मो रसखानि लिखी बिधना मन मारिके आपु बनी हौं अहेरी।।

क्या कहूँ सजनी (सखी), रात का साथ तो अब प्रतिदिन ही मुकुंद (श्रीकृष्ण) को खोजते हुए बीतता है। मनमोहन प्रतिदिन तो आने के लिए कहते हैं, लेकिन अभी तक कभी आकर एक फेरा भी नहीं लगाया। अब तो सौतनों के भाग बड़े हुए हैं, जो ब्रज में रोज नए रंग लूटती हैं। रसखान, हमारे भाग्य में विधाता ने शायद यही लिखा है कि हम मन मार के हमेशा उनकी बाट देखने वाली ही बनी रहें।

कौन ठगौरी भरी हरि आजु बजाई है बाँसुरिया रँग भीनी।
तान सुनी जिनहीं तिनहीं तबहीं तिन लाज बिदा कर दीनी।।
घूमै घड़ी घड़ी नंद के द्वार नवीनी कहा कहुँ बाल प्रबीनी।
या ब्रजमंडल में रसखानि सु कौन भटू जो लटू नहिं कीनी।।

न जाने कैसे मायाजाल का सृजन चारों ओर हो गया है; आज हरि (श्रीकृष्ण) ने ऐसी रंग से भरी बाँसुरी बजाई है कि जिसने भी वह तान सुनी उसी समय सारी लाज त्याग दी—अर्थात् हरि के प्रेम में मग्न हो गईं। वह हर पल नंद के द्वार पर ही घूमती रहती है और नटवर की बाल-क्रीड़ा को देखने के लिए व्याकुल रहती है। रसखान, इस ब्रजमंडल में ऐसा कौन है, जिसे बाँसुरी की धुन ने लट्टू (प्रेममग्न) नहीं बना दिया है।

आजु गई हुती भोरही हौं रसखानि रई कहि नंद के भौंनहि।
बाको जियौ जुग लाख करोर जसोमति को सुख जात कह्यौ नहिं।।
तेल लगाइ-लगाइ के अंजन भौंह बनाइ-बनाइ डिठौनहिं।
डालि हमेलनि हार निहारत बारत ज्यौं चुचकारत छौंनहिं।।

रसखान, आज मैं भोर होते ही नंद के घर गई और अनुरक्त हो

गई (प्रेम में भीग गई); वे लाख-करोड़ युग जिएँ। यशोदा का सुख तो कहा नहीं जाता। वे मनमोहन श्रीकृष्ण को तेल लगाकर, आँखों में अंजन करके, भौहों को बनाकर, काजल का टीका लगाकर, हेममणि का हार डालकर अपने पुत्र को निहारती हुईं पुचकार रही थीं।

बंसी बजावत आनि कढ़ो सौ गली में अली कछु टोना सों डारैं।
हेरि चितै तिरछी करि दृष्टि चलो गयो मोहन मूठि-सी मारैं।।
ताही धरी सौं परी धरी सेज पै प्यारी न बोलति प्रानहुँ वारैं।
राधिका जीहै तौ जीहैं सबै न तौ पीहैं हलाहल नंद के द्वारैं।।

बंसी बजाते हुए श्रीकृष्ण गलियों में आ निकले तो जैसे कुछ टोना (जादू) सा छा गया। उन्होंने कुछ खोजते हुए जो तिरछी नजर से देख लिया तो जैसे मूठ-सी (एक काला जादू, जिससे लोग किसी को जान से मार देते थे) मार गए। उसी घड़ी से सखियाँ अपने प्राण त्यागकर बिस्तर पर पड़ी हुई हैं। यदि राधा को जाना है तो जाएँ, हम सब तो विष पीने नंद के दरवाजे पर नहीं जाएँगी।

एक तैं एक लों काननि मैं रहै ढीठ सखा सब लीने कन्हाई।
आवत ही हौं कहौं लौं कहों कोउ कैसें सहै अति की अधिकाई।।
खायो दही मेरो भाजन फोर्‌यो न छोड़त चीर दिवावै दुहाई।
रसखानि तिहारी सौं ए री जसोमति भागे मरू करि छूटन पाई।।

आजकल कान्हा (श्रीकृष्ण) इतने ढीठ (निर्लज्ज) हो गए हैं कि हे सखे, उनके एक-से-एक कार्यों को कहाँ तक कहूँ। एकाध बातें हों तो कोई बरदाश्त भी कर लें। अब अति की इस अधिकता को कोई कहाँ तक सहे। उन्होंने मेरा दही खा लिया और ऊपर से मेरा बरतन भी फोड़ दिया। जिस पर भी हमारी साड़ी का पल्लू कसम देने पर भी नहीं छोड़ते हैं। ऐ रसखान! तुम्हारी सौगंध है, लाख भागने पर भी कोई उनसे कहाँ बच पाता है?

लोक की लाज तजी तबहीं जब देख्यो सखी ब्रजचंद सलोनो।
खंजन मीन सरोजन की छवि गंजन नैन लला दिनहोनो।।
रसखानि निहारि सकें जु सम्हारि के को तिय है वह रूप सुठोनो।
भौंह कमान सों (जोहन) कों सब बेधत प्राननि नंद को छौनो।।

हे सखी! लोक-लाज तो हमने तभी छोड़ दी जब से सलोने ब्रजराज को देखा है। खंजन पक्षी की भाँति लालिमायुक्त उनके नेत्र उसी प्रकार सुंदर लगते हैं जिस प्रकार साँवली मछलियों के बीच खिला कमल। हे रसखान! उनकी छवि को जो स्वयं को सँभालकर निहार सके, ऐसा उनका रूप कहाँ है? अर्थात् उनकी छवि देखकर स्वयं को सँभालना मुश्किल है। नंद के लड़के (श्रीकृष्ण) की कमान-सी तनी भौहों से निकले बाण सबके प्राणों को व्याकुल कर जाते हैं।

मेज मनोहर मूरि लखै तबहीं सबहीं पतहीं तज दीनी।
प्रान पखेरू परे तलफैं वह रूप के जाल में आस अधीनी।।
आँख सौं आँख लड़ी जबहीं तब सें ये रहैं अँसुवा रँगभीनी।
या रसखानि अधीन भई सब गोपाल की तजि लाज नवीनी।।

जब से उस वर्णनातीत रूप को देखा है, तभी से सबने (गोपियों ने) अपनी मान-प्रतिष्ठा को छोड़ दिया है। प्राण रूपी यह पक्षी दिन-रात पड़ा तड़पता रहता है; सब उस अपरूप की ऐसी अधीन (वश में) हो गई है। जब से उनकी नजरों से नज़रें लड़ी हैं, तभी से आँसुओं के रंग में भीगी रहती हैं-अर्थात् आँखों में आँसू ही भरे रहते हैं। हे रसखान! सब नटवर गोपाल के अधीन हो गई है। सबने अपनी लाज (सामाजिक लौकिक मर्यादा) को छोड़ दिया है।

सुनी री पिय मोहन की बतियाँ अति ढीठ भया नहिं कानि करै।
निसि वासर औसर देत नहीं छिनहीं छिन द्वारेहि आनि अरै।।
निकसी मति नागरि डोंड़ी बजी ब्रजमंडल में इह कौन भरै।
अब रूप की रौर परी रसखानि रहै तिय कोऊ न माँझ धरै।।

अरे प्यारी, सुनो मोहन की बातें। वे तो अब अत्यंत ढीठ हो गए हैं। अब तो वे हमारी किसी बात पर ध्यान ही नहीं देते। अब तो वे प्रतिदिन बिना कोई अवसर देखे पल-पल दरवाजे पर आकर अड़ जाते हैं। अब नगर में बाहर निकलने की तो मानो मनाही हो गई है। ब्रजमंडल में इन्हें रोकनेवाला कौन है? हे रसखान! अब तो रूप-सौंदर्य की जैसे लड़ाई हो गई है। देखो न, साँझ होने पर भी कोई घर में नहीं रहता।

धूर भरे अति शोभित श्याम जू तैसी बनी सिर सुंदर चोटी।
खेलत खात फिरैं अँगना पग पैंजनी बाजति, पीरी कछोटी।।
वा छवि को रसखानि बिलोकत वारत काम-कला निज कोटी।
काग के भाग बड़े सजनी हरि हाथ सों लै गयो माखन रोटी।।

धूल से भरे श्रीश्याम कृष्ण की शोभा अतिशय सुंदर लगती है। उनके शोभायमान छवि के समान (अर्थात् उनकी शोभा को बढ़ाती) उनके सिर पर सुंदर चोटी बनी हुई है। वे खेलते हुए खाते हैं तथा आँगन में इधर-उधर भागते हैं। उनके चलने से उनके पैरों की पायल कर्णप्रिय स्वर में बजती है। रसखान, उस छवि को देखकर ऐसा लगता है कि करोड़ों कामदेव की कलाओं को उनके ऊपर न्योछावर कर दें। ऐ प्रिया, उस कौए का बड़ा भाग्य है, जो श्रीकृष्ण के हाथों से माखनवाली रोटी लेकर चला गया।

आयो हुतो नियरें रसखानि कहा कहुँ तू न गई वह ठैया।
या ब्रज में सिगरी वनिता सब वारति प्राननि लेत बलैया।।
कोऊ न काहू की कानि करै कछु चेटक सो जु कर्‌यो जदुरैया।
गाइगो तान जमाइगो नेह रिझाइगो प्रान चराइगो गैया।।

हे रसखान! नजदीक आकर सखी ने कहा कि क्या आज तुम उस जगह नहीं गईं, जहाँ ब्रजाधीश मनमोहन श्रीकृष्ण हैं? इस ब्रज की सभी गोपियाँ अपने प्राण उन पर न्योछावर कर रही हैं; सब उनकी बलाएँ ले

रही हैं, नजर उतार रही हैं। कोई किसी की बात पर ध्यान नहीं देती। क्या बात है? क्या यदुकुल भूषण ने सबपर कोई जादू कर रखा है? वे तान छेड़कर (बाँसुरी बजाकर) सबके अंदर स्नेह जाग्रत् कर गए तथा गायें चराकर प्राण को ही मोह गए।

बारहीं गोरस बेंचि री आजु तूँ माइ के मूड़ चढ़ै कत मौड़ी।
आवत जात लौं होयगी साँझ भटू जमुना भतरौड़ लों औड़ी।।
ऐसे में भेंटत ही रसखानि ह्वै हैं अँखियाँ बिन काज कनौड़ी।
ए री बलाइ ल्यों जाइगी बाज अबै ब्रजराज सनेह की डौंड़ी।।

ऐ गोपियो! आज अपना गोरस (दूध-दही) इसी पार बेचो, उस पार मत जाओ। आते-जाते शाम हो जाएगी और तुम जमुना के उस पार भतरौड़ (मथुरा-वृंदावन के बीच एक स्थान) तक ही रह जाओगी। ऐसे में श्रीकृष्ण से भेंट होते ही ये आँखें श्रीकृष्ण के प्रेम के वशीभूत हो जाएँगी। तुम अपनी नजर उतारकर जाओ, क्योंकि ब्रजराज के स्नेह में गुलाम होते देर नहीं लगेगी।

सोहत हैं चँदवा सिर मौर के जैसियै सुंदर पाग कसी है।
तैसियै गोरज भाल बिराजति जैसी हिये बनमाल लसी है।।
रसखानि बिलोकत बौरी भई दृग मूँदि के ग्वालि पुकारि हँसी है।
खोलि री घूँघट खोलौं कहा वह मूरति नैनन माँझ बसी है।।

जिस प्रकार चंद्रमा आकाश में शोभा देता है, उसी प्रकार मनमोहन के सिर पर कसी पगड़ी में मोरपंख शोभा दे रहा है। गायों के चलने से उड़ी धूल सिर पर उसी प्रकार विराजमान है जिस प्रकार गले में वनमाला शोभा देती है। रसखान, यह देखकर आँखें पागल-सी होकर मुंद गई हैं और ग्वाले (श्रीकृष्ण) को पुकारकर हँस रही हैं। ये आँखें अपनी पलकों का घूँघट तो खोलें, मगर इस घूँघट में तो मनमोहन की वह मूरत बस गई है।

भौंह भरी बरुनी सुथरी अतिसै अधरानि रँगी रँग रातौ।
कुंडल लोल कपोल महाछवि कुंजनि तें निकस्यो मुसिकातौ।।
रसखानि लखै मग छूटि गयो डग भूलि गई तन की सुधि सातौ।
फूटि गयो दधि को सिर भाजन टूटिगो नैननि लाज को नातौ।।

भौंहें तिरछी-सी होकर सुघड़ लग रही हैं एवं अधरों पर मधुर मुसकान की रंगत बिखरी हुई है। कुंडल में लगे माणिक्य की लालिमा साँवले गालों पर प्रतिबिंबित होकर अतुलित छवि दिखा रही है। ऐसी छवि से सुशोभित श्रीकृष्ण मधुबन के कुंजों (झुरमुटों) से मुसकराते हुए निकलते हैं। रसखान, उनकी इस छवि को देखकर मार्ग छूट गया और गोपियाँ रास्ता ही भूल गईं; शरीर का भान ही खत्म हो गया। सिर पर रखा दही का बरतन फूट गया और आँखों का लाज से नाता टूट गया।

अँखियाँ अँखियाँ सों सकाय मिलाय हिलाय रिझाय हियो भरिबो।
बतियाँ चितचोरन चेटक सी रस चारु चरित्रन ऊँचरिबो।।
रसखानि के प्रान सुधा भरिबो अधरान पै त्यों अधरा धरिबो।
इतने सब मैन के मोहनी जंत्र पै मंत्र बसीकर सी करिबो।।

आँखों-आँखों के मिल जाने से मन को मथकर व रिझाकर अपने पास रख लिया। उस चित्त-चोर की बातें तो जैसे जादू ही हैं और उसकी बातों से तो जैसे मधुर रस-सा टपकता है। रसखान के प्राणों के अमृत (जीवन-आधार) ने अधरों पर अधर रखकर सबकुछ हरण कर लिया। इतना सब मोहन के मोहिनी मंत्र हैं, जो किसी यंत्र से सम्मोहन कर गए।

बाँकी बिलोकनि रंग भरी रसखानि खरी मुसकानि सुहाई।
बोलत बैन अमीनिधि चैन महारस ऐन सुने सुखदाई।।
सजनी बन में पुर बीथिन में पिय गोहन लागो फिरै मोरि माई।
बाँसुरी टेर सुनाइ अली अपनाइ लई ब्रजराज कन्हाई।।

जिनकी तिरछी नजर से देखना रंग भरा है। रसखान, जिनकी शुद्ध मुसकान अतिशय सुंदर है। जिनकी वाणी में मानो संसार का सारा धन

छिपा हुआ है, जिसे सुनकर कानों को मद्यरस के समान सुख प्राप्त होता है। जिनको गोपियाँ नगर में, ब्रज में तथा गलियों में खोजती फिरती हैं, उस भगवान् श्रीकृष्ण ने बाँसुरी की टेर सुनाकर सखी, सबको अपना बना लिया है।

ब्रह्म मैं ढूँढ्यो पुरानन गानन वेद रिचा सुनि चौगुने चायन।
देख्यो सुन्यो कबहूँ न कितूँ वह कैसे सरूप औ कैसे सुभायन।।
टेरत हेरत हारि पर्‌यो रसखानि बतायो न लोग लुगायन।
देखौ दुरो वह कुंज कुटीर मैं बैठो पलोटत राधिका पायन।।

मैंने ब्रह्म को पुराणों के गायन में तथा वेद की बहुत-सी ऋचाओं में ढूँढ़ा। परंतु न तो कहीं देखा, न कहीं सुना कि वे किस रूप के हैं तथा कैसा उनका स्वभाव है। उनको पुकारते-खोजते थक गया, परंतु किसी ने भी उनको बताया नहीं। परंतु रसखान, देखो न, जिन्हें मैं ढूँढ़ रहा था, वे दूर कुंज-कुटीर (झुरमुटों की आड़) में राधिका देवी के साथ बैठे हैं।

देखन कों सखी नैन भए न सने तन आवत गाइन पाछैं।
कान भए इन बातन के सुनिबे कों अमीनिधि बोलन आछैं।।
पै सजनी न सम्हारि परै वह बाँकी बिलोकन कोर कटाछैं।
भूलि गयो न हियो मेरी आली जहाँ पिय खेलत काछिनी काछैं।।

हे सखी! ये आँखें तो इसलिए हैं न कि उन्हें (श्रीकृष्ण को) गायों के पीछे आते हुए देख सकें। कान तो इसलिए हैं कि हृदय को हरनेवाली उनकी अच्छी बातें सुन सकें। लेकिन सखी, उनकी बाँकी तिरछी चितवन का देखना ही हमसे सँभाल नहीं पाता। हे सखी! मेरा हृदय तो वहीं खो गया है, जहाँ वे जमुना के किनारे खेलते रहते हैं।

खंजन नैन फँसे पिंजरा छबि नाहि रहै थिर कैसहूँ माई।
छूटि गई कुलकानि सखी रसखानि लखी मुसिकानि सुहाई।।

चित्र कढ़े से रहैं मेरे नैन न बैन कढ़ै मुख दीनी दुहाई।
कैसी करौं जिन जाव अली सब बोलि उठैं यह बावरी आई।।

माँ, कैसे कहूँ, ये खंजन पक्षी रूपी आँखें उनके रूप के पिंजरे में फँस गई हैं। अब ये उनके बिना स्थिर नहीं हो पा रही हैं। कुल की सारी मर्यादाएँ खत्म हो गई हैं। सखी, अब तो सिर्फ उनकी मधुर मुसकान ही अच्छी लगती है। मेरी आँखें चित्रलिखित-सी हो गई हैं और बोली केवल आह भरने एवं दुआ करने के लिए निकलती है। क्या करूँ सखी, अब तो जहाँ जाती हूँ, लोग यही कहते हैं कि यह पगली आ गई है।

उनहीं के सनेहन सानी रहैं उनहीं के जु नेह दिवानी रहैं।
उनहीं की सुनै न औ बैन त्यों सैन सों चैन अनेकन ठानी रहैं।।
उनहीं सँग डोलन में रसखानि सबै सुख सिंधु अधानी रहैं।
उनहीं बिन ज्यों जलहीन ह्वै मीन सी आँखि मेरी अँसुवानी रहैं।।

हे रसखान! मैं तो उन्हीं के प्रेम में डूबी हुई हूँ तथा उन्हीं के स्नेह में पागल हूँ। बस एक वही हैं जिनकी बोली सुने बिना मुझे कुछ भी अच्छा नहीं लगता है। बस, उन्हीं प्रेम-सुधा रस बरसानेवाले मनमोहन के साथ चलने में मुझे सुख के सागर की प्राप्ति होती है। उनके बिना तो जल बिन मछली की तरह मैं तड़पती हूँ और आँखें आँसुओं से भरी रहती हैं।

सेस गनेस महेस दिनेस सुरेसहु जाहि निरंतर गावैं।
जाहि अनादि अनंत अखंड अछेद अभेद सुबेद बतावैं।।
नारद से सुक व्यास रहैं पचि हारे तऊ पुनि पार न पावैं।
ताहि अहीर की छोहरिया छछिया भरि छाछ पै नाच नचावैं।।

जिनके गुणों का गान स्वयं शेषनाग, बुद्धिसागर गणेश, शिव, सूर्य एवं इंद्र निरंतर ही गाते रहते हैं; जिन्हें वेद अनादि (जिसका न कोई आदि है, न अंत), अनंत, अखंड (जिसे प्रकृति के त्रिगुणमय तत्त्वों में

विभाजित नहीं किया जा सकता), अछेद (जो गुणों से परे है), अभेद (जो समदर्शी है) बताते हैं। नारद से शुकदेव तक जिनके अद्भुत गुणों की व्याख्या करते हुए हार गए, लेकिन जिसका पार नहीं पा सके–अर्थात् उनके संपूर्ण गुणों का ज्ञान नहीं कर सके–उन्हीं अनादि, अनंत, अभेद, अखंड परमेश्वर को प्रेम से वशीभूत कर यादवों की लड़कियाँ एक कटोरा छाछ पर नचा रही हैं।

शंकर से सुर जाहि भजैं चतुरानन ध्यान में धर्म बढ़ावैं।
नेक हिये में जो आवतही महाजड़ मूढ़ रसखान कहावैं।।
जा पर सुंदर देववधू नहिं बारत प्रान अबार लगावैं।
ताहि अहीर की छोहरिया छछिया भरि छाछ पै नाच नचावैं।।

शंकर जैसे देवता दिन–रात जिनके नाम का भजन–कीर्तन करते रहते हैं; चतुरानन (ब्रह्मा) जिनका ध्यान कर अपने धर्म की वृद्धि करते हैं; जिनके हृदय में वास करते ही महामूर्ख भी रसखान कहलाता है; जिनके ऊपर सुंदर देव–नारियाँ भी अपने–अपने प्राण न्योछावर करने में विलंब नहीं करतीं, उन्हीं परम मनोहर अनादि प्रभु को यादवों की लड़कियाँ एक कटोरा छाछ पर नचा रही हैं।

दोउ कानन कुंडल मोरपखा सिर सोहै दुकूल नयो चटको।
मनिहार गरे सुकुमार धरे नट भेस अरे पिय को टटको।।
सुभ काछनी बैजनी पैंजनी पामन आमन मै न लगै झटको।
वह सुंदर को रसखानि अली जु गलीन मैं आइ अबै अँटको।।

अपने दोनों कानों में सुंदर कुंडल धारण किए हुए तथा सिर पर मोरपंखों का मुकुट सजाए हुए हैं। शरीर पर चटक रंगों का सुंदर रेशमी वस्त्र सुशोभित है। उनके सुकुमार कोमल गले में मणियों की सुंदर माला शोभायमान है। वे नट का वेश (खिलाड़ी का वेश) रखकर आए हैं। सुंदर धोती की शोभा के साथ पाँवों में पायल चलने पर लगे झटके से सुंदर

बोल निकाल रही है। अरे रसखान, वह अति सुंदर शोभायमान कौन है, जो गली में आकर खड़ा है?

बंक बिलोकनि है दुखमोचन दीरघ लोचन रंग भरे हैं।
घूमत बारुनी पान किए जिमि झूमत आनन रंग ढरे हैं।।
गंडनि पै किलके छवि कुंडल नागरि नैन बिलोकि अरे हैं।
रसखानि हरैं ब्रजबालनि कों मन ईषत हाँसि के पानि परे हैं।।

उनकी तिरछी नजर से देखना ही समस्त दुःखों को हरण करनेवाला है। उनकी बड़ी-बड़ी आँखें रंगों से भरी हैं—अर्थात् अत्यंत ही मनोहर हैं। उनके चेहरे का रंग उसी प्रकार लगता है जिस प्रकार मदिरापान करने पर चेहरा आरक्त हो उठता है। उनके गालों पर कुंडल की छवि दिख रही है। उन्हें देखकर नगरवासियों के नेत्रों को अतिशय सुख की प्राप्ति हो रही है। रसखान, उन्होंने पान की हलकी लालिमा से रँगे होंठों के मधुर हास्य से ग्वालिनों के मन का हरण कर लिया है।

अति लोक की लाज समूह मै घेरिके राखि थकी भव संकट सों।
पल मैं कुलकानि की मेड़नकी नहि रोकी रुकी पल के पट सों।।
रसखानि सों केतो उचाटि रही उचटी न सँकोच की औचट सों।
अलि कोटि कियो हटकी न रही अँटकी अँखिया लटकी लट सों।।

लोक-लाज के मारे मैं स्वयं को बाँधकर रखते-रखते थक गई हूँ। परंतु अब यह मुझे किसी विपत्ति-सा लगने लगा है। पल भर में ही कुल-परिवार की सारी मर्यादाएँ बिखर-सी गई हैं। हे रसखान, मैंने कितना भी प्रयत्न किया, लेकिन ये आँखें मनमोहन के मुख पर अटकी ही रहीं। हे सखी, मैं परवश-सी हुई कान्हा के मुख-कमल पर भौंरे के समान बिखरी लटों में खोई ही रह गई।

आजु सखी नँदनंदन रो तकि ठाढ़ो है कुंजनि की परछाहीं।
नैन बिसाल की जोहन को सर बेधि गयो हियरा जिय माहीं।।
घाइल घूमि खुमार गिरी रसखानि सँम्हारत अंगन नाहीं।
तापर वा मुसिकानि की डौड़ी बजी ब्रज मैं अबला कित जाहीं।।

हे सखी! आज नंदनंदन श्रीकृष्ण ने कुंजों (झुरमुटों) की छाया में खड़े होकर देखा है। उनके विशाल नेत्रों के धनुष से निकले बाण मेरे अंतरस तक को बेध गए। उन बाणों की खुमार से घायल होकर रसखान, मैं तो गिर पड़ी। अब तो अपने अंगों को भी सँभालना मुश्किल हो रहा है। इन पर भी उनकी वह कँटीली मुसकान की बिजली गिर पड़ी। अब मैं ब्रज की अबला कहाँ जाऊँ?

जा दिन तें मुसिकानि चुभो उर ता दिन तें जु भई बनवारी।
कुंडल लोल कपोल महाछवि कुंजन तें निकस्यो सुखकारी।।
हौ सखी आवतही बगरै पग पैंड़ तजी रिझई बनवारी।
रसखानि परी मुसकानि के पानिन कौन गहै कुलकानि बिचारी।।

जिस दिन से उनकी मधुर हँसी हृदय में चुभी है, उसी दिन से बनवारी मेरे प्राण हो गए हैं। माणिक्य जड़े कुंडल की लालिमा से लाल कपोल की महाछवि धारण किए जब वे कुंजों (झुरमुटों) से बाहर आते हैं तो अत्यंत ही सुखकारी लगते हैं। हे सखी, उनके घर आते ही मैं उन्हें रिझा लूँगी। रसखान, जब मैं मुसकान के हाथों विवश हो गई तो कुल की मर्यादा कौन देखे?

मैन मनोहर बैन बजै सु सजे तन सोहत पीतपटा है।
यों दमके चमके झमके दुति दामिनी की मनोश्याम छटा है।।
ए सजनी ब्रजराजकुमार अटा चढ़ि फेरत लाल बटा है।
रसखानि महामधुरी मुख की मुसकानि करै कुलकानि कटा है।।

उनका दर्शन अत्यंत ही सुखकर है। उनकी वाणी अत्यंत ही मधुर है तथा उनके शरीर पर सुंदर पीले वस्त्र सुशोभित हैं। उनके साँवले शरीर पर ये वस्त्र उसी प्रकार चमक रहे हैं जिस प्रकार काली घटा में विद्युत् चमकती है। हे प्रिये, ब्रजराजकुमार श्रीकृष्ण अपने भवन पर चढ़कर लाल (एक कीमती पत्थर) से खेल रहे हैं। हे रसखान, उस महामधुर मुसकान का जादू हमें अपने कुलधर्म से काटता है, अलग करता है।

सुंदर श्याम सिरोमनि मोहन जोहन मैं चित चोरत है।
बाँके बिलोकनि की अवलोकनि नोकनि के दृग जोरत है।।
रसखानि महावर रूप सलोने को मारग तैं मन मोरत है।
ग्रहकाज समाज सबै कुल लाज लला ब्रजराज को तोरत है।।

सुंदरता के सिरमौर अर्थात् सर्वश्रेष्ठ सुंदर, साँवरे श्याम मनमोहन में मेरा मन डूबा हुआ है। तिरछी नजर से देखनेवाले प्रभु श्रीकृष्ण को देखने के लिए निगाहें व्याकुल रहती हैं। हे रसखान! उन सुंदरता के सिरमौर का मार्ग यह मन निरंतर देखता रहता है। घर का कार्य, समाज इत्यादि की लाज एवं कुल की मर्यादा ब्रजराज श्रीकृष्ण का स्नेह सबकुछ तोड़ता है।

नैननि बंकनि साल के बाननि झेलि सके अस कौन नवेली।
बेधत है हिय तीछन कोर सुमारि गिरी तिय कोटिक हेली।।
छोड़ै नहीं छिनहूँ रसखानि सु लागी फिरै द्रुम सों जनु बेली।
रौर परी छवि की ब्रजमंडल कुंडल गंडनि कुंतल केली।।

उनके बाँके नेत्रों के तीखे बाणों का वार सह सके, ऐसी कौन युवती होगी? यह हृदय को उसी प्रकार घायल कर देती है जिस प्रकार सुमेरु पर्वत को तीखी विद्युत् छेद देती है। हे रसखान, यह एक पल के लिए भी उसी प्रकार छोड़ती नहीं है जिस प्रकार लताएँ वृक्षों को जकड़ लेते हैं। सारे ब्रजमंडल में उनके कुंडलों की छवि से कोहराम मच गया है।

कौन को लाल सलोनो सखी वह जाकी बड़ी अँखियाँ अनियारी।
जोहन बँक बिसाल के बाननि बेधत है घट तीछन भारी।।
रसखानि सम्हारि परै नहि चोट सु कोटि उपाय करैं सुखकारी।
भाल लिख्यो बिधि हेत को बंधन खोलि सके अस को हितकारी।।

हे सखी! यह साँवरा-सलोना किसका पुत्र है, जिसकी बड़ी-बड़ी काली आँखें हैं; जो अपनी बाँकी चितवन के बाणों से अंतर तक छेद देता है? रसखान, इनकी चोट सँभाल नहीं पाता, चाहे सुखी होने के लिए

करोड़ों उपाय कर लें। यदि विधाता ने मस्तक पर बंधन की रेखा लिख दी है तो ऐसा कौन हितकारी है, जो इस बंधन को खोल सके?

दोहा

मोहनछवि रसखानि लखि, अब दृग अपने नाहिं।
ऊँचे आवत धनुष से, छूटे सर से जाहिं।।

हे रसखान! मदन मोहन की सुंदर छवि देखने के बाद अब ये आँखें अपनी नहीं रहीं। जिस प्रकार धनुष से छूटने के बाद तीर अपना नहीं होता।

मो मन मानिक लै गयो, चितै चोर नँदनंद।
अब बेमन मैं का करूँ, परी फेर के फंद।।

मेरे मन का माणिक्य तो मन को चुरानेवाले नंदनंदन श्रीकृष्ण ने ले लिया है। अब बिना मन के मैं क्या करूँ? मैं तो भाग्य के फंद में पड़ी हुई हूँ।

सोरठा

देख्यो रूप अपार, मोहन सुंदर श्याम को।
वह ब्रजराजकुमार, हिय जिय नैननि में बस्यो।।

जब से उस अपार रूपवाले मनमोहन सुंदर साँवरे श्याम को देखा है, वे ब्रजराजकुमार श्रीकृष्ण नेत्र, प्राण और आत्मा में बस गए हैं—अर्थात् वही सबकुछ हो गए हैं।

दोहा

मन लीनो प्यारे चितै, पै छटाँक नहिं देत।
यहै कहा पाटी पढ़ी, दल को पीछो लेत।।

मेरे प्रियतम ने मेरा मन ले लिया है, परंतु देते छटाँक (थोड़ा-सा)

भी नहीं। उन्होंने यही पाठ पढ़ा दिया है कि पहले अपना सर्वस्व दो, फिर मुझसे कुछ लेना।

ए सजनी लोनो लला, लह्यो नंद के गेह।
चितयो मृदु मुसिकाइ के, हरी सबै सुधि गेह।।

हे प्रिय! नंदलाल के दर्शन का लाभ होता है, जब हम नंद के घर जाते हैं। वे मधुर मुस्कान से देखते हैं और सबकी सुध हर लेते हैं।

दोहा

जोहन नंदकुमार कों, गई नंद के गेह।
मोहि देखि मुसिकाइ के, बरस्यो मेह सनेह।।

मैं नंदकुमार (श्रीकृष्ण) को खोजने नंद के घर गई थी। मुझे देखकर मदनमोहन मुसकराने लगे तो ऐसा लगा कि स्नह के बादल ही बरस रहे हैं।

श्याम सघन घन घेरि के, रस बरस्यो रसखानि।
भई दिबानी पान करि, प्रेम मद्य मनमानि।।

श्याम का स्नेहरस उमड़-घुमड़कर बरस रहा है। रसखान, जिसने भी इस प्रेम-मदिरा को पी लिया, वह दीवानी हो गई।

सोरठा

अरी अनोखी बाम, तूँ आई गौने नई।
बाहर धरसि न पाम, है छलिया तुव ताक मै।।

अरे अनोखी दुलहन! तू नई-नई गौने (विवाह के बाद जब लड़की ससुराल जाती है) से आई है। छलिया मनमोहन तुम्हारी ताक में हैं, बाहर पाँव मत रखना।

सवैया

नैन लख्यो जब कुंजन तें वन तें निकस्यो अँटक्यो मटक्यो री।
सोहत कैसो हरा टटकौ अरु जैसो किरीट लग्यो लटक्यो री।।
रसखानि रहै अँटक्यो हटक्यो ब्रजलोग फिरैं सटक्यो भटक्यो री।
रूप सबै हरि वा नट को हियरे फटक्यो झटक्यो अँटक्यो री।।

जब मधुबन की झाड़ियों में देखा तो उसमें से श्याम मटकते हुए (इठलाते हुए) निकल रहे थे। उनकी शोभा ताजा खिले हुए पुष्प के समान लग रही थी। रसखान तो भूले से खड़े रहे, लेकिन ब्रजवासी तो स्वयं भूले-भूले-से भटकते रहे। नट-नागर प्रभु का यह रूप अद्‌भुत है।

कवित्त

दूध दुह्यो सीरो पर्‌यो तातो न जमायो कर्‌यो,
जामन दयो सो धर्‌यो धर्‌योई खटाइगो।
आन हाथ आन पाइ सबही के तबहीं तें,
जबहीं तें रसखानि तानन सुनाइगो।।
ज्यौं हीं नर त्यौं ही नारी तैसी ये तरुन बारी,
कहिए कहा री सब ब्रज बिललाइगो।
जानिए न आली यह छोहरा जसोमति को,
बाँसुरी बजाइगो कि विष बगराइगो।।

दूध निकालकर रखा ही रह गया, उसे कोई जमा नहीं पाया। जामन (दही बनाने के लिए निकाला गया थोड़ा-सा दही) धरे-धरे खट्टा हो गया। कोई भी कुछ नहीं कर पाता। रसखान, जब से मदनमोहन अपनी बाँसुरी की तान सुना गए हैं। जैसे नर वैसे ही नारी; वैसे ही तरुण-ब्रज के सभी नर-नारी जैसे सबकुछ भूल गए हैं। जसोमति के इस छोकरे को छोटा मत समझना। बाँसुरी क्या बजा गया, जैसे जहर बरसा गया।

सवैया

बजी है बजी रसखानि बजी सुनिके अब गोपकुमारि न जीहै।
न जीहै कोऊ जो कदाचित कामिनी कानि मै बाकी जु तान कु पीहै।।
कु पीहै बिदेस संदेस न पावति मेरी व देह को मैन सजी है।
सजी है तो मेरो कहा बस है सु तौ बैरिनि बाँसुरी फेरि बजी है।।

बज गई, फिर से बज गई है। रसखान! इसे सुनकर अब ब्रजकुमारियाँ जीवित नहीं रहेंगी। वह नारी भी अब जीवित नहीं रहेगी, जिसके कानों में यह मधुर आवाज पड़ गई है। प्रियतम तो विदेश में हैं, मेरे मन व देह की शोभा बढ़ गई है। और यदि यह शोभा बढ़ी है तो इस पर मेरा क्या वश है? यह दुश्मन बाँसुरी तो फिर से बज गई है।

कवित्त

अधर लगाय रस प्याय बाँसुरी बजाय,
मेरा नाम गाय हाथ जादू कियो मन में।
नटवर नवल सुघर नँदनंदन ने,
करिके अचेत चेत हरि के जनत में।।
झटपट उलट-पुलट हट परिधान,
जान लागों लालन पै सबै बाम बन में।
रस रास सरस रँगीलो रसखानि आनि,
जानि जोर जुगुति बिलास किए जन में।।

अपने होंठों से लगाकर उन्होंने रस पिला दिया, जब उन्होंने अपनी प्यारी बाँसुरी बजा दी। मेरा नाम बाँसुरी में बजाकर हाय, उन्होंने तो मुझ पर जैसे जादू कर दिया। सुंदर मनमोहन नटवर नागर गिरधर ने घर में बैठे-बैठे ही मुझे अचेत कर दिया। अपने अस्त-व्यस्त वस्त्रों को ठीक कर सभी ललनाएँ वन में जाने लगीं। हे रसखान! उस रँगीले मोहन ने महारास रचाकर सभी के मन में वास कर लिया है।

सवैया

कान दै अँगुरी रहिबो जबहीं मुरली धुनि मंद बजैहे।
मोहनी तानन सों रसखानि अटा चढ़ि गोधन गैहे तो गैहे।।
टेरि कहौं सिगरे ब्रजलोगनि काल्हि कोऊ कितनी समुझैहै।
माइ री वा मुख की मुसकानि सम्हारि न जैहै न जैहै।।

कानों में उँगली डालकर मैं कहीं छिप जाऊँगी, जब कन्हैया अपनी मुरली मंद स्वर में बजाएँगे। रसखान कहते हैं कि उसकी मोहिनी तान तो ऐसी है, जो गायों तक के मन को मोह लेती है। मैं पुकारकर कहती हूँ कि ब्रजवासियो, कल तुम कितना ही समझाओगे, मुरली की मोहिनी सबको अपने वश में कर लेगी। माँ, उस मुख की मुसकराहट कैसी है, जो तन को सँभलने ही नहीं देती।

जा दिन तें वह नंद को छोहरो या बन धेनु चराइ गयो है।
मीठिही तानिनि गोधन गावत बैन बजाइ रिझाइ गयो है।।
वा दिन सों कछु टोना सों के रसखानि हिये में समाइ गयो है।
कोऊ न काहु को कानि करै सिगरो ब्रज बीर बिकाइ गयो है।।

जिस दिन से वह नंद का बालक (श्रीकृष्ण) इस वन में गायें चरा गया है, अपनी गायों को लिये मीठे स्वर में बाँसुरी बजा गया है, उस दिन से वह कुछ जादू-सा करके हृदय में समा गया है। कोई किसी की बात कहाँ सुनता है? सभी ब्रज उसके हाथों बिक-सा गया है।

रंग भर्यो मुसकात लला निकस्यो कल कुंजनि तें सुखदाई।
मैं तबहीं निकसी घर तें तकि नैन बिसाल की चोट चलाई।।
रसखानि सो घूमि गिरी धरती हरिनी जिमि बान लगे गिरि जाई।
टूटि गयो घर को सब बंधन छूटिगो आरज लाज बड़ाई।।

अपनी रंग भरी मुसकान अपने होंठों पर सजाए कल जब मदनमोहन लता-कुंज से बाहर आ रहे थे, तभी मैं अपने घर से निकल रही थी। उन्होंने मुझे देखकर अपने विशाल नेत्रों से चोट की। रसखान, मैं तो

घूमकर उसी तरह धरती पर गिर गई जिस तरह बाण की चोट खाकर हिरणी गिर पड़ती है। उस दिन से घर के सभी बंधन छूट गए, सभी श्रेष्ठता और बड़ाई छूट गई है।

हेरत बारहीं बार उतै तुव बावरी बाल कहाधौं करैगी।
जौं कबहूँ रसखानि लखै फिर क्यों हूँ न बीर री धीर धरैगी।।
मानि है काहू की कानि नहीं जब रूप ठगी हरि रंग ढरैगी।
याते कहूँ सिख मानि भटू यह हेरनि तेरे ही पैंड़ परैगी।।

तुम बावरी जिन्हें बार-बार खोजती हो, तुम उनका क्या करोगी? जो वे दीख पड़े तो धीरज कैसे रख पाओगी? जब उनके रूप में रँगकर ठगी जाओगी तो तुम्हें कोई बात समझ में नहीं आएगी। मैं सच कहती हूँ सखी, मेरी बात मान लो। यह उन्हें खोज़ना एक दिन तुम्हें ही परेशान करेगा।

कवित्त

एरी आजु काल्हि सब लोक लाज त्यागि दोऊ
सीखे हैं सबै बिधि सनेह सरसाइयो।
यह रसखान दिना द्वै में बात फैलि जैहै
कहाँ लौं सयानी चंदा हाथन छिपाइयो।।
आजु हौं निहार्‌यो बीर कलिंदी तीर
दोउन को दोउन सों मुरि मुसकाइबो।
दोऊ परैं पैयाँ दोऊ लेत हैं बलैयाँ इन्हैं
भूलि गईं गैयाँ उन्हैं गागर उठाइबो।।

आजकल तो सब लोगों ने लोक-लाज त्याग दी है। सभी बस स्नेह में डूबना सीख रहे हैं। रसखान, बस एक-दो दिन में यह बात चारों ओर फैल जाएगी। कोई कितना भी बुद्धिमान हो, अपने हाथों से चाँद को कब तक छिपा सकता है? आज उन्हें यमुना के किनारे निहारती हो। दोनों ही मुसकराते हैं। दोनों ही एक-दूसरे का मनुहार (प्रेम-प्रदर्शन) करते हैं। वे भी अपनी गायें भूल गए हैं और गागर उठा रहे हैं।

सवैया

आजु भटू इक गोपबधू भई बावरी नेकु न अंग सम्हारै।
मात अघात न देवनि पूजत सासु सयानी सयानी पुकारै।।
यों रसखानि धर्‌यो सिगरो ब्रज कौन को कौन उपाय बिचारै।
कोउ न कान्हर के कर तें वह बैरिनि बाँसुरिया गहि जारै।।

आज के दिन एक गोपवधू बावली (पगली) सी हो गई है। उस सुंदरी से अपने अंग ही सँभल नहीं पाते। माँ बार-बार देवताओं को पूजती है। सास उसे बार-बार होश में आने के लिए पुकारती है। रसखान, यह हाल तो सारे ब्रज का है। कौन है, जो कोई उपाय सोचे? कोई भी ऐसा नहीं है, जो कन्हैया के हाथों से इस बाँसुरी को छीनकर जला सके।

मकराकृत कुंडल गुंज की माल वे लाल लसैं पग पाँवरिया।
बछरानि चरावन के मिस भावती दै गयो भगवती भाँवरिया।।
रसखानि बिलोकतही सिगरी भई बावरिया ब्रज डाँवरिया।
सजनी इहि गोकुल मैं विष सों बगरायो है नंद के साँवरिया।।

मकर (मगरमच्छ) की आकृति का कुंडल, उस पर गुंजर (मणि) की माला में सुशोभित लाल पैरों में पायल। बछड़ों को चराने के लिए मनमोहन गोल-गोल घूमते हैं। रसखान, उन्हें देखकर ब्रज की सभी नारियाँ पगली हो गई हैं। हे प्रिया! सारे ब्रजमंडल में विष-सा बरसा गया है यह नंद का साँवरा।

आजु भटू इक गोपकुमार ने रास रच्यो इक गोप के द्वारै।
सुंदर बानिक सों रसखानि बन्यो वह छोहरा भाग हमारै।।
ए बिधना जो हमैं हँसतीं अब नेकु कहूँ उनके पग धारै।
ताहि बदौं फिरि आवै घरै बिनहीं तन औ, मन जोवन वारै।।

आज एक गोपकुमार ने एक गोप के द्वार पर रास रचाया है। रसखान, सुंदर वस्त्र धारण किए वह बालक हमारा भाग्य बन गया है। हे विधाता! कल तक जो मुझ पर हँसती थीं, वे आज उनके मात्र पाँव रख देने को

सौभाग्य कहने लगी हैं। अब तो मैं यही खोजती रहती हूँ कि वे फिर कब मेरे यहाँ पाँव धरेंगे?

वा मुसकान पै प्रान दियो जिय जान दियो वह तान पै प्यारी।
मान दियो मन मानिक के सँग वा मुख मंजु पै जोवनवारी।।
वा तन को रसखानि पै री तन ताहि दियो नहि आन बिचारी।
सो मुँह मोड़ि करी अब का हहा लाल लै आज समाज मैं ख्वारी।।

उनकी मुसकान पर प्राण दे दिए और उनकी बाँसुरी की तान पर मन को जाने दिया। उस चित्त-चोर के संग के लिए अपना मान (अभिमान) दे दिया। उनके मुखकमल पर अपना यौवन तज दिया। बिना कुछ सोचे-विचारे यह तन उन्हें दे दिया। उन्होंने ही आज मुख मोड़ लिया है। अब मैं समाज में होती अपनी दुर्दशा के लिए क्या करूँ?

कवित्त

गोरज बिराजै भाल लहलही बनमाल
आगे गैया पाछे ग्वाल गावै मृदु तान री।
तैसी धुनि बाँसुरी मधुर मधुर तैसी
बंक चितवनि मंद मंद मुसकानि री।।
कदम विटप के निकट तटनी के आव
अटा चढ़ि चाहि पीतपट फहरानि री।
रस बरसावै तन तपन बुझावै नैन
प्राननि रिझावै वह आवै रसखानि री।।

उनके सिर पर गाय के खुरों से उड़ी धूल विराजमान है तथा गले में वनमाला शोभित है। आगे-आगे गायें हैं तथा पीछे-पीछे ग्वाले मधुर स्वर में गा रहे हैं। उसी प्रकार मधुर स्वर में बाँसुरी बज रही है तथा वे अपनी तिरछी नजर से देखते हुए धीमे-धीमे हँस रहे हैं। जब उनके पैर यमुना तट पर स्थित कदंब के वृक्षों तक आते हैं तो सभी गोपियाँ अपने घर की छत पर खड़ी होकर उनके लहराते पीतांबर को देखना चाहती हैं।

उन्हें देखकर ऐसा लगता है मानो कोई रस बरसाकर मन की जलन को बुझा रहा है। रसखान, वे तो प्राणों को भी मोहित कर रहे हैं।

सवैया

वह गोधन गावत गोधन मैं जब तें इहि मारग ह्वै निकस्यौ।
तब तें कुलकानि कितीक करौ यह पापी हियो हुलस्यो हुलस्यो।।
अब तौ जु भई सु भई नहि होत है लोग अजान हँस्यो सु हँस्यो।
कोउ पीर न जानत जानत सो तिनके हिय मैं रसखानि बस्यौ।।

जब से वे गायों और बछड़ों के साथ गाते हुए इस मार्ग से निकले हैं, तभी से ये कुल-ललनाएँ क्या करें? यह दुष्ट हृदय बात-बेबात प्रफुल्लित हो उठता है। अब तो जो हो गया, सो हो गया। लोग अब हँसते हैं तो हँसें। हे रसखान! इस दर्द को कोई और नहीं समझ सकता। बस, इस दर्द को वही जानते हैं, जो मेरे हृदय में बसे हुए हैं।

ए सजनी वह नंद को साँवरिया बन धेनु चराइ गयो है।
मोहिनी ताननि गोधन गाइ के बेनु बजाइ रिझाइ गयो है।।
ताही घरी कछु टोना सो के रसखानि हिए में समाइ गयो है।
कोऊ न काहू की बात सुनै सिगरो ब्रज बीर बिकाइ गयो है।।

हे प्रिये! जब से वह नंद का साँवरा (कृष्ण) इस वन में गायें चरा गया है, बाँसुरी से मोहिनी तान छेड़कर सम्मोहित कर गया है, उस समय से कुछ टोना (जादू) सा मन में समा गया है। कोई किसी की बात नहीं सुनता। ब्रज के सभी बहादुर जैसे बिक गए हैं, श्रीकृष्ण के प्रेम के गुलाम हो गए हैं।

मेरी सुनो मति आइ अली उहाँ जौनी गली हरि गावत है।
हरि लैहैं बिलोकत प्रानन कों पुनि गाढ़ परै घर आवत है।।
उन तान को तान तनी ब्रज मैं रसखान सयान सिखावत है।
तकि पाय धरो रपटाय नहीं वह चारो सो डारि फँदावत है।।

मेरी बात मानो सखी। उस गली में मत आना, जहाँ कान्हा गाता है। वह देखकर ही प्राणों को हर (चुरा) लेता है। फिर घर आना बहुत मुश्किल हो जाता है। रसखान, ब्रज के बुद्धिमान लोग सिखाते हैं कि उनकी तान की मधुरता जादू भरी है, लोग न चाहते हुए भी उसमें फँस जाते हैं।

समझी न कछू अजहूँ हरि सों ब्रज नैन नचाइ नचाइ हँसै।
नित सास की सीरी उसासनि सों दिनहीं दिन माइ की कांति नसै।।
चहुँ ओर बबा की सौं सोर सुनै मन मेरेऊ आवति री सकसै।
पै कहा करौं वा रसखानि बिलोकि हियो हुलसै हुलसै हुलसै।।

मैं आज भी कुछ समझ नहीं सकी। प्रभु अपनी आँखों को घुमा-घुमाकर हँस रहे थे। प्रतिदिन सास का ठंडी साँसें भरना और माँ के चेहरे की चमक खत्म हो जाना। हर ओर बाबा की सौगंध सुनकर मेरा मन उलझन में फँस गया है। लेकिन क्या करूँ रसखान, उन्हें देख-देखकर मेरा हृदय प्रसन्नता से भर जाता है।

बाँकी कटाछ चितैबो सिख्यो बहुधा बरज्यो हित के हितकारी।
तू अपने ढिग को रसखानि सिखावनि दै दिनहूँ पचि हारी।।
कौन की सीख सिखी सजनी अजहूँ तजि दै बलि जाऊँ तिहारी।
नंदन नंद के फंद कहूँ परि जैहै अनोखी निहार निहारी।।

उनकी तिरछी नजर को देखना बहुत ही घातक है; लोगों ने बार-बार यह हितकारी सीख दी। रसखान यह समझाकर हार गए। लेकिन प्रिया ने किसकी सीख समझी? आज भी वह नंदनंदन को निहार-निहारकर उन पर बलिहारी (प्राण देने को तैयार) है।

पूरब पुन्यनि तें चितई जिन ये अँखियाँ मुसकानि भरी जू।
कोऊ रहीं पुतरी सी खरी कोउ घाट डरी कोउ बाट परी जू।।
जे अपने घरहीं रसखानि कहै अरु हौंसनि जाति मरी जू।
लाल जे बाल बिहाल करी ते बिहाल करी न निहाल करी जू।।

जिसने भी उस परम पवित्र मुख को देख लिया, उसकी आँखों में मुसकराहट भर गई। कोई कठपुतली-सी खड़ी रह गई, कोई उदास हो गई तो कोई राहों में खड़ी हो गई। जो अपने घर पर रह गईं, रसखान कहते हैं कि उन्हें उनके (श्रीकृष्ण के) दर्शन की लालसा से व्याकुलता हो रही है। लोग कहते हैं कि नंदलाल ने उन्हें बेहाल कर दिया; नहीं-नहीं, बेहाल नहीं निहाल कर दिया।

बैरिन तो बरजी न रहै अबहीं घर बाहर बैर बढ़ैगो।
टोना सो नंद ढुटौना पढ़ै सजनी तोहि देखि विशेष बढ़ैगो।।
सुनिहै सखि गोकुल गाँव सबै रसखानि तबै इह लोक रढ़ैगो।
बैस चढ़े घरही रहि बैठि अटानि चढ़ै बदनाम चढ़ैगो।।

मैं तुम्हें बार-बार रोकती हूँ, घर से बाहर निकलना बस वैर (दुश्मनी) बढ़ाएगा। हे प्रिये! नंद के यहाँ तुम्हें देखकर जादू तोड़ने का मंत्र पढ़ा जाता है; तुम्हें देखकर वह विशेष तौर पर बढ़ जाएगा। सुनो सखी, गोकुल गाँव के सभी लोग यहाँ लड़ने लगेंगे। इसलिए रसखान, तुम घर में ही बैठो; छत पर चढ़ोगी तो बदनामी ही फैलेगी।

कवित्त

अबहीं गई खिरक गाइ के दुहाइबे कों
बावरी ह्वै आई डारि दोहनी यौं पानिकी।
कोऊ कहै छरी कोऊ भौन परी डरी कोऊ
कोऊ कहै मरी गति हरी अँखियान की।।
सास व्रत ठानै नंद बोलत सयाने धाइ
दौरि-दौरि जानै मानो खोरि देवतानि की।
सखी सब हाँसैं मुरझानि पहिचानि कहूँ,
देखी मुसकानि वा अहीर रसखानि की।।

अभी गाय को दुहवाकर चली गई। पागल होकर आई है घर पर।

कोई पगली कहे, कोई किनारे हो गई तो कोई डर जाती है। कोई कहता है कि इसकी मति (बुद्धि) मारी गई है। सास व्रत रखती है और दौड़-दौड़कर देवताओं को मनाती है। सब सखियाँ मुँह के मुरझाने का कारण पहचानकर हँसती हैं। रसखान, सब जानते हैं कि यह मुरझाना, पागलपन उस अहीर (श्रीकृष्ण) की मुसकान देखने के कारण है।

मोहन की मुरली सुनिके वह बौरी ह्वै आनि अटा चढ़ि झाँकी।
गोप बड़ेन की डोठि बचाइ के दीठि सों दीठि मिली दुहु घाँकी।।
देखत मोल भयो अँखियान कों को करै लाज कुटुंब पिता की।
कैसे छुटाई छुटैं अँटकी रसखानि दुहूँ की बिलोकिन बाँकी।।

मोहन (कृष्ण) की बाँसुरी सुनकर वे अपने घर पर चढ़कर झाँकती हैं। बड़े गोपों की आँखें बचाकर दोनों की नजरें मिल गईं। अब कुटुंब और पिता की लाज क्या करें? कैसे उस बाँकी (तिरछी) नजरों का देखना छूटे?

कवित्त

ब्याही अनब्याही ब्रजमाहीं सब चाही तासों
दूनी सकुचाई दीठि परै न जुन्हैया की।
नेकु मुसकानि रसखानि की बिलोकत ही
चेरी होत एक बार कुंजनि दिखैया की।।
मेरो कह्यो मानि अंत मेरो गुन मानि हैरी
प्रात खात जात ना सकात सौंह भैया की।
माइ की अँटक जौलौं सासु की हटक तौलौं
देखी ना लटक मेरे दूलह कन्हैया की।।

ब्याही-अनब्याही ब्रज में सभी उन्हें चाहते हैं। कन्हैया की दृष्टि पड़ते ही सभी सकुचा जाती हैं। उनकी मुसकान को देखते ही सभी उनकी गुलाम हो जाती हैं। मेरा कहना मानो, अंत में मेरी यह सीख तुम्हें माननी

ही होगी। सुबह बिना बलदाऊ भैया को देखे भोजन तक नहीं हो पाता। माँ की बोली या सास का उलाहना सभी बेकार हैं, क्योंकि उन लोगों ने कन्हैया को देखा नहीं है।

सवैया

बेनु बजावत गावन गावत ग्वालन के सँग गोमधि आयो।
बाँसुरी मैं उन मेरोई नाम सुग्वालन के मिस टेरि सुनायो।।
ए सजनी सुनि सास के त्रासनि नंद के पास उसासन आयो।
केसी करौं रसखानि नहीं हित चैन नहीं चित चोर चुरायो।।

बाँसुरी बजाते-गाते ग्वालों के संग आए। बाँसुरी में उन्होंने मेरा ही नाम उन ग्वालों को गाकर सुनाया। हे प्रिये! सास का उलाहना सुनकर मैं नंद के पास शिकायत लेकर आई थी। लेकिन कैसे करूँ? इसमें मेरा हित नहीं है, क्योंकि बिना उस चित्त-चोर के चैन नहीं है।

आली पगे जु रँगे रँग संबल सोहै न आवज लालची नैना।
धावत हैं उतही जित मोहन रोके रुकें नहिं घूँघट ऐना।।
कानन कौं कल नाहिं परै सखी प्रेम सों भींजे सुनै बिन बैना।
भई मधु की मखियाँ रसखानि जु नेह को बंधन क्यों हूँ छुटैना।।

सखी उनके संग में रँगी इस आत्मा को यह लालची आँखें कहीं चैन नहीं लेने देतीं। ये वहीं जाती हैं जहाँ श्रीकृष्ण हैं। पलकों के घूँघट के रोके नहीं रुकती हैं। सखी, कानों को तब तक शांति नहीं मिलती जब तक उनकी प्रेम-भीगी बातें सुन नहीं लेतीं। हे रसखान! मैं तो स्नेह के बंधन में जकड़ी शहद की मक्खी की भाँति हो गई हूँ।

मो मन मोहन कों मिलि के सबहीं मुसकानि दिखाय दई।
वह मोहनी मूरति रूपमयी सबही चितई तब हौं चितई।।
उन तौ अपने अपने घर की रसखानि भली बिधि राह लई।
कछु मोहि का पाप पर्‌यो पल मैं पग पावत पौरि पहार भई।।

जब मोहन से मेरी मुलाकात हुई तब सबने मेरा मुसकराना देखा। उनकी मोहिनी सूरत जब सबने देखी तब हमने भी देखा। लेकिन सबने तो अपने-अपने घर की राह पकड़ ली, लेकिन मुझे ही कोई पाप लग गया, जो पैर उठाते हुए भी पहाड़ लगता है।

मेरो सुभाव चितैबे कों माइ रो लाल निहारि के बंसी बजाई।
वा दिन तें मोहि लागी ठगौरी सी लोग कहैं कोई बावरी आई।।
यों रसखानि घिर्‌यो सिगरो ब्रज जानत वे कि मेरो जियराई।
जो कोउ चाहै भलौ अपनौ तौ सनेह न काह सों कीजियो माई।।

मेरा स्वभाव देखकर ही हे माँ! गोपाल ने बाँसुरी बजाई। उस दिन से मैं ठगी-सी हूँ। अब तो मुझे देखकर लोग कहते हैं कि कोई पगली आ गई है। रसखान, सारा ब्रज मेरे मन की हालत जानता है। जो कोई अपना भला चाहे तो हे माँ! किसी से प्रेम न करें।

तेरी गलीन में जा दिन तें निकसे मनमोहन गोधन गावत।
ये ब्रज लोग सो कौन सी बात चलाइ के जो नहि नैन चलावत।।
वे रसखानि जो रीझिहैं नेकु तौ रीझिके क्यों नवनारि रिझावत।
बावरी जो पै कलंक लग्यो तौ निसंक ह्वै क्यों नहिं अंक लगावत।।

तेरी गली से जिस दिन से मनमोहन गोधन लेकर गाते हुए निकले हैं, ब्रज के लोग पता नहीं कैसी-कैसी बातें बना-बनाकर आँखें मटकाते हैं (मजाक उड़ाते हैं)। हे रसखान! जो वे स्वयं प्रेमी हैं तो सुंदरियों को क्यों मोहते हैं? और जो इस पगली पर कलंक लग ही गया है तो निःशंक (निडर) होकर क्यों नहीं गले लगा लेते?

औचक दृष्टि परे कहुँ कान्ह जु तासौं कहै ननदी अनुरागी।
सो सुनि सास सही मुख मोरि जिठानी फिरै जिय में रिस पागी।।
नीके निहारि के देखे न आँखिन हौं कबहूँ भरि नैन न जागी।
मो पछितावो यहै जु सखी कि कलंक लग्यो पर अंक न लागी।।

यदि कहीं अचानक कान्हा पर दृष्टि पड़ जाती है तो ननद कहती है कि यह उसकी प्रेमी हो गई है। यह सुनकर सास तो अपना मुँह मोड़कर रह जाती है और जेठानी क्रोधित होकर घूमती है। जबकि ठीक से मैं उन्हें देख भी नहीं पाई। कभी भी नैन भर उन्हें देखा नहीं। मुझे तो यह पछतावा है कि सखी, कलंक तो लग गया, पर मैं उनके गले न लग सकी।

मोरपखा मुरली बनमाल लख्यौ हिय मैं हियरा उमह्यौ री।
ता दिन तें इन बैरिन कों कौन न बोल कुबोल सह्यौ री।।
तौ रसखानि सनेह लग्यौ कोउ एक कह्यो कोउ लाख कह्यौ री।
और तो रँग रह्यौ न रह्यौ इक रंग रंगी सोई रँग रह्यौ री।।

मोर का पंख, बाँसुरी तथा वनमाला देखकर मन में जैसे कोई आह-सी उठती है। उस दिन से मुझे कौन सा बोल-कुबोल नहीं सहना पड़ा है। अब तो हे रसखान! प्रेम हो गया है, कोई एक बात कहे या लाख बात कहे। और सभी रंग तो रहें या न रहें, लेकिन यह एक अकेला ऐसा रंग है, जो कभी नहीं उतरता।

मोर के चंदन मौर बन्यौ दिन दूलह है अली नंद को नंदन।
श्रीवृषभानुसुता दुलही दिन जोरि बनी बिधना सुखकंदन।।
रसखानि न आवत मो पै कह्यौ कछु दोऊ फँसे छवि प्रेम के फंदन।
जाहि बिलोके सबै सुख पावत ये ब्रजजीवन हैं दुखदंदन।।

हे सखी! नंदनंदन मोरपंख सजाकर दूल्हा बने हैं और दुलहन हैं श्रीवृषभान सुता (श्रीराधा)। ईश्वर ने इस जोड़ी को सुख का मूल बनाया है। हे रसखान! मुझे तो कुछ कहना ही नहीं आता। दोनों ही प्रेम की फाँस में फँसे हैं, जिसे देखकर सबको सुख मिलता है। यह ब्रज का जीवन (ब्रज में निवास करनेवालों का जीवन) ही सभी दुःखों का निवारक है।

आज अचानक राधिका रूपनिधानि सों भेट भई बन माहीं।
देखत दृष्टि परे रसखानि मिले भरि अंक दिए गलबाहीं।।
प्रेमपगी बतियाँ दुहुँघाँ की दुहूँ कों लगी अतिही चितचाहीं।
मोहनी मंत्र बसीकर जंत्र हहा पिय की तिय की नहिं नाहीं।।

आज अचानक श्रीराधिका और रूपनिधान (श्रीकृष्ण) की भेंट वन में हो गई है। देखते ही दोनों आलिंगन कर मिले और गले में बाँहें डाल दीं। दोनों के बीच प्रेम में डूबी बातें होने लगीं। मोहिनी मंत्र या किसी वशीकरण की यहाँ कोई जरूरत नहीं है।

कोई है रास मैं नैसुक नाचि के नाच नचाए किए सबको जिन।
सोई है री रसखानि इहै मनुहारिहुँ सूधैं चितौत न हो छिन।।
तो मैं धौं कौन मनोहर भाव बिलोकि भयो बस हाहा करी तिन।
औसर ऐसो मिलै न मिलै फिर लंगर मोड़ो कनौड़ो करै किन।।

कोई है, जो इस महारास में स्वयं ही नृत्य कर सबको नचा रहा है। रसखान, जो मनुहार करने पर छिप जाता है और दिखाई नहीं देता। मैं उसके कौन से मनोहर भाव की व्याख्या करूँ? बस, तड़पकर रह जाता हूँ। पता नहीं ऐसा अवसर कभी मिले न मिले, फिर यह नाव (जीवन की नाव) पता नहीं कहाँ जाए?

आज भटू मुरली बरु के तर नंद के साँवरे रास रच्यो री।
नैननि सैननि बैननि मैं नहिं कोऊ मनोहर भाव बच्यो री।।
जद्यपि राखन कौं कुलकानि सबै ब्रजबालन प्रान तच्यो री।
तद्यपि वा रसखान के हाथ बिकान को अंत लच्यो पै लच्यो री।।

आज फिर नंद के साँवरे श्रीकृष्ण ने कदंब वृक्षों के किनारे रास रचाया। आँखों के संकेत एवं बोली में जितने भी मनोहर भाव होते हैं, उनमें कोई भी शेष नहीं रह गया। यद्यपि सभी कुलांगनाओं व गोप-बालाओं ने कुल की मर्यादा रखने के लिए अपने प्राण लगा दिए। फिर भी रसखान, प्रेम के हाथों बिकीं अंत में वे नाचने को विवश हो गईं।

छीर जो चाहत चीर गहैं ए जु लेहु न केतक छीर अचैहौ।
चाखन के मिस माखन माँगत खाहु न माखन केतिक खैहौ।।
जानत हौं जिय की रसखानि सु काहे को एतिक बात बढ़ैहौ।
गोरस के मिस जो रस चाहत सो रस कान्ह जु नेकु न पैहौ।।

दूध माँगने के बहाने वे आँचल पकड़ते हैं, लेकिन दूध देने पर पीते नहीं। चखने के बहाने मक्खन माँगते हैं, लेकिन मक्खन खाते नहीं। यदि रसखान, तुम दिल की बात जानते हो तो इतनी बात बढ़ाने की क्या आवश्यकता है? कान्हा गोरस के बहाने जो रस चाहते हैं वह रस तो वे कभी भी नहीं पा सकते।

दानी भए नए माँगत दान सुनै जु पै कंस तौ बाँधि के जैहो।
रोकत हौ बन में रसखानि पसारत हाथ घनौ दुख पैहो।।
टूटै छरा बछरा दिक गोधन जो धन है सु सबै धन दैहो।
जैहै अभूषन काहू सखी को तो मोल छला के लला न बिकैहो।।

तुम नए दानी हुए हो, जो प्रेम का दान माँगते रहते हो। यदि कंस सुन लेगा तो बाँध दिए जाओगे। रसखान, तुम वन में हाथ पसारकर दान माँगते हो। एक दिन तुम्हें बहुत गहरा दुःख होगा। यह गोधन का जो भी धन तुम्हारे पास है, सब धन देना पड़ेगा। वैसे तो कोई भी आभूषण ऐसा नहीं है सखी, जो लला (कन्हैया) के मोल के बराबर हो।

आज महूँ दधि बेचन जात ही मोहन रोकि लियो मग आयो।
माँगत दान में आन लियो सु कियो निलजी रसजोवन खायो।।
काह कहूँ सिगरी री बिथा रसखानि लियो हँसि के मुसिकायो।
पाले परी मैं अकेली लली लला लाज लियो सुकियो मन भायो।।

आज मैं दही बेचने जा रही थी कि अचानक रास्ते में आकर मोहन ने रोक लिया। दान में माँगकर और कुछ नहीं लिया, बस यौवन का रस ही पान करते रहे। क्या मैं अपनी सारी व्यथा कहूँ, रसखान? लोग हँसने लगेंगे। मैं अकेली आज उनके हाथ आ गई, सो जो मन किया, उन्होंने मन भर किया।

बिहरैं पिय प्यारी सनेह सने छहरैं चुनरी के झना झहरैं।
सिहरैं नवजोवन रंग अनंग सुभंग अपांगनि की गहरैं।।
बहरैं रसखानि नदी रस की घहरैं बनिता कुलहू भहरैं।
कहरैं बिरहीजन आतप सों लहरैं लली लाल लिए पहरैं।।

स्नेह के रस में भीगी प्यारी बाहर मदमाती-सी घूम रही है। उसकी चुनरी की किनारी लहराती हुई किसी तरंग की तरह लगती है। नवयौवन के रंग में भीगी हुई उस प्यारी के अंग-अंग में बहुत गहरे तक कामदेव वास कर रहे हैं। हे रसखान! नदी की किलोल करती हुई तरंगों की भाँति वह वनिता भी किलोल करती हुई गिर जाती है। विरही लोग भले ही अपने विरह से ही कराहें, लेकिन यह गोपी तो माणिक्य की माला धारण कर रही है।

वह सोई हुती परजंक लली लला लीनो सु आय भजा भरिके।
अकुलाय के चौंक उठी सु डरी निकरी चहै अंकनि तें फरिके।।
झटका झटकी में फटो पटुका दरकी अँगिया मुकता झरिके।
मुख बोल कढ़ैं रिस से रसखानि हटो जु लला निबिया धरिके।।

गोपिका सो रही थी कि अचानक आकर श्रीकृष्ण ने उसे अपनी भुजाओं में बाँध लिया। व्याकुल होकर वह चौंककर उठी और हटकर निकलना चाहती थी। इसी पकड़-धकड़ में साड़ी फट गई तथा चोली के दरक (जगह-जगह से धागा खिंच जाने से) जाने से सारी मुक्तामणि झर गई। तब उसने नाराज होकर कहा हटो कन्हैया-मेरा दिल जोर से धड़क रहा है।

लाज के लेप चढ़ाइ के अंग पची सब सीख को मंत्र सुनाइ के।
गाड़रू ह्वै ब्रज लोग थक्यौ करि औषद बेसक सौंह दिवाइ के।।
ऊधौं सो को रसखानि कहै जिन चित्त धरौ तुम एते उपाइ के।
कारे बिसारे कों चाहै उतार्‌यौ अरे विष बावरे राख लगाइ के।।

अंगों पर शर्म का लेप चढ़ाकर (अर्थात् लाज-शर्म से रहने की

सीख देकर) सबने तरह-तरह के मंत्र सिखाए। ब्रज के लोग तरह-तरह की औषधिकरके थक चुके हैं। ऊधव यह कौन सा उपाय सिखा रहे हैं, रसखान? काले नाग का जहर उतारा जा सकता है, लेकिन यह जहर कैसे उतरेगा?

रसखानि यहै सुनि के गुनि के हियरा सत टूक ह्वै फाटि गयो है।
सुतो जानत हैं न कछू हम ह्याँ उन वा पढ़ि मंत्र कहा धौं दयो है।।
सुनो साँची कहैं जिय मैं निज जानि के जानत हौ जस कैसो लयो है।
सब लोग-लुगाई कहैं ब्रज माँहि अरे हरि चेरी को चेरो भयो है।।

हे रसखान! यह सुनकर हृदय सौ टुकड़ों में फट गया है कि मैंने उन पर कोई मंत्र पढ़ दिया है। सच कहूँ, मैं जानती हूँ कि मुझे यह यश कैसे मिला है? सब लोग और गोपियाँ कहती हैं कि वे प्रभु इस दासी के दास हो गए हैं।

होती जु पै कुबरी ह्याँ सखी भरि लातन मूका बकोटती केती।
लेती निकाल हिए की सबै नक छेदि के कौड़ी पिराइ के देती।।
ऐती नचाइ के नाच वा राँड़ को लाल रिझावन की फल पेती।
सेती सदाँ रसखानि लिए कुबरी के करेजनि सूल सी भेंती।।

हे सखी! यदि वह कुबड़ी (कुब्जा, जिसे श्रीकृष्ण ने मथुरा में नव-जीवन दिया था) यहाँ होती तो मैं उसे जी भरकर लातों और घूँसे से मारती, अपने हृदय के सब अरमान निकाल लेती, उसके नाक में कौड़ी पहना देती। साथ ही उसे नाखून से नोच लेती। ऐसा नाच नचाती उसे कि कन्हैया को लुभाने का फल दे देती। हे रसखान! उस कुबड़ी के सीने में पैनी धारवाला शूल भोंक देती।

जानै कहा हम मूढ़ सबै समुझी न तबै जबहीं बनि आई।
सोचत हैं मन ही मन मैं अब कीजै कहा बतियाँ जगवाई।।
नीचो भयो ब्रज को सब सीस मलीन भई रसखानि दुहाई।
चेरी को चेटक देखहु री हरि चेरो कियो धौं कहा पढ़ि माई।।

न जाने हम कैसी मूर्ख हैं कि इस वन में आ गईं और लोगों को तरह-तरह की बातें करने का मौका दे दिया। ब्रज के सभी लोगों का सिर नीचा हो गया तथा हे रसखान! सबकी कसम भी धूमिल हो गई। पता नहीं ऐसा जादू प्रभु ने कहाँ से सीखा है।

काहूँ सों माई कहा कहिए सहिए जु सोई रसखानि सहावैं।
नेम कहा जब प्रेम कियो तब नाचिए सोई जो नाच नचावैं।।
चाहत हैं हम और कहा सखि क्यों हूँ कहूँ पिय देखन पावैं।
चेरिय सों जु गुपाल रच्यो तौ चलोरी सबै मिलि चेरी कहावैं।।

हे माँ! अब किसी से क्या कहना। अब तो वह सबकुछ बरदाश्त करना होगा, जो मदनमोहन को स्वीकार हो। अब कोई नियम कहाँ बचा, जब प्रेम कर लिया? अब तो वही नाच नाचना पड़ेगा, जो प्रियतम नचावें। और मैं चाहती क्या हूँ, सखी। क्या कहूँ, यदि कहीं प्रियतम को एक नजर देख पाऊँ। यदि गोपाल ने दासी बना लिया है तो चलो हे सखी! हम सभी उनकी दासी कहलाएँ।

कवित्त

ग्वालन संग जैबो बन ऐबौ सुगाइन संग
हेरि तान गैबौ हाहा नैन फरकत हैं।
ह्याँ के गजमोती माल बारौं गुंजमालन पै
कुंज सुधि आए हाय प्रान धरकत हैं।।
गोबर को गारो सुतौ मोहि लगै प्यारौ
कहा भयो महल सोने को जटत मरकत हैं।
मंदिर तें ऊँचे यह मंदिर हैं द्वारिका के
ब्रज के खिरक मेरे हिए खरकत हैं।।

मैं ग्वालों के साथ वन में जाऊँगा और गायों के साथ आऊँगा। मैं भी सुर में सुर मिलाकर गाऊँगा, क्योंकि मेरी आँखें फड़क रही हैं। मैं गजमुक्ता की यह माला वनमाला पर न्योछावर कर दूँगा। मधुबन के

झुरमुटों की याद आते ही प्राणों में धड़कन-सी शुरू हो जाती है। गोबर उठाना भी मुझे प्रिय लगता है। सोने के महल भी इसके आगे धूमिल-से हो रहे हैं। मंदिर से भी ऊँचे द्वारिका के ये घर हैं। ब्रज की धूल भी मेरे लिए पूजनीय है।

सवैया

रसखानि सुन्यो हे वियोग के ताप मलीन महा दुति देह तिया की।
चंद्रमुखी तन गो मुरझाइ लगी लपटैं बिस स्वाँस हिया की।।
ऐते मैं आवत कन्हाई के हुलसे सरके तरकी अँगियाँ की।
यों जग जोति उठी तन की उसकाइ दई मनौ बाती दिया की।।

हे रसखान! सुना है कि प्रियतम से वियोग के कारण राधा का तन मलिन हो गया है, जो उसे महादुःख देता है। उस चंद्रमुखी का शरीर मुरझा गया है। उसकी साँसें विष की ज्वाला की भाँति लगती हैं। ऐसे में कान्हा का आना सुनकर उसकी चोली के बंधन ढीले पड़ गए, मन खुशी से झूम उठा। शरीर की ज्योति यूँ जग उठी मानो किसी बुझते दीये की लौ को उकसा दिया गया हो।

प्रान नही जु रहैं रिझि वापर रूप वही लिहिं वाहि रिझायो।
सीस वही जिन वे परसे पद अंक वही जिन वा परसायो।।
दूध वही जु दुहायो री वाही दही सु सही जो वही ढरकायो।
और कहाँ लौं कहौं रसखानि री भाव वही जु वही मनभायो।।

प्राण वही हैं, जो उन पर न्योछावर हो जाएँ; रूप वही है, जो उन्हें मोहित कर दे; सिर वही है, जो उनके चरणों को स्पर्श करे और आलिंगन वही सार्थक है, जो उनका स्पर्श कर सके। दूध वही सार्थक है, जिसे उन्होंने दुहा (निकाला) हो; दही वही सार्थक है, जिसे उन्होंने गिरा दिया हो। रसखान! मैं और कहाँ तक कहूँ? भाव वही श्रेष्ठ है, जो उनके (श्रीकृष्ण के) मन को अच्छा लगता हो।

कंचन मंदिर ऊँचे बनाइके मानिक लाइ सदा झलकैयत।
प्रातहिं तें सगरी नगरी गजमोतिन ही की तुलानि तुलैयत।।
जद्यपि दीन प्रजान प्रजा तिनकी प्रभुता मघवा ललचैयत।
ऐसे भए तो कहा रसखानि जो साँवरे ग्वाल सों नेह न लैयत।।

सोने के ऊँचे महल बनाकर सदा दिखाते रहो; चाहे प्रातः सारे नगर के गजमुक्ता (जवाहरात) से स्वयं को तुलवाते रहो; चाहे तुम्हारी प्रभुता कामदेव जैसी हो, परंतु रसखान, ऐसा सब होने का भी क्या लाभ, यदि प्यारे मदनमोहन से प्रेम न किया हो।

कवित्त

कहा रसखानि सुख-संपति सुमार कहा,
कहा तन जोगी ह्वै लगाए अंग छार को।
कहा साधे पंचानल कहा सोए बीच नल,
कहा जीत लाए राज सिंधु आर-पार को।।
जप बार-बार तप संम बयार व्रत,
तीरथ हजार अरे बूझत लवार को।
कोन्हीं नहीं प्यार सेयो दरबार चित,
चाह्यो न निहारो जो पै नंद के कुमार को।।

हे रसखान! अतुलित सुख-संपत्ति का क्या लाभ? क्या लाभ कि शरीर पर राख लगाकर योगी हो जाओ? पंचाग्नि सिद्ध करने से भी क्या लाभ? यदि अग्नि के बीच सो भी गए तो उससे क्या लाभ? यदि समुद्र के उस पार के समस्त राज्यों को जीत लिया जाए तो भी क्या लाभ? उपवास करने से भी क्या लाभ मिल जाएगा? हजार तीर्थ-यात्रा करने को भी झूठ ही समझना चाहिए, यदि प्रियतम के दरबार से मन नहीं लगाया और इन आँखों से नंदकुमार प्रियतमेश्वर श्रीकृष्ण को देखना नहीं चाहा।

सवैया

संपति सों सकुचाइ कुबेरहिं रूप सों दीनी चिनौती अनंगहि।
भोग के के ललचाइ पुरंदर जोग के गंग लई धरि मंगहि।।
ऐसे भए तो कहा रसखानि रसै रसना जो जु मुक्ति तरंगहि।
दै चित ताके न रंग रच्यो जु रह्यो राधिका रानी के रंगहि।।

संपत्ति ऐसी कि कुबेर को भी शर्म आने लगे, रूप ऐसा कि कामदेव को भी चुनौती दे, भोग ऐसा कि स्वयं इंद्र भी ललचा उठें, योग ऐसा कि गंगा भी उस योग को माँगने लगे। रसखान ऐसे ही हैं, जो रस और रसना की तरंग से मुक्त हैं। फिर भी, वे सार्थक नहीं हैं जिनका मन उनके (श्रीकृष्ण के) रंग में नहीं रँगा है, जो श्रीराधिका रानी के रँग में रँगे हैं।

कवित्त

कंचन के मंदिरनि दीठ ठहरात नाहिं
सदा दीपमाल लाल मानिक उजारे सौं।।
और प्रभुताई अब कहाँ लौ बखानौं प्रति
हारन की भीर भूप टरत न द्वारे सौं।।
गंगाजी में न्हाइ मुक्ताहलहू लुटाइ वेद
बीस बार गाइ ध्यान कीजत सवारे सौं।।
ऐसे ही भए तो नर कहा रसखानि जो पै
चित दै न कीनी प्रीत पीतपटवारे सौं।।

सोने के मंदिरों व महलों पर दृष्टि नहीं रुकती, जहाँ हमेशा दीपमालिकाओं के स्थान पर लाल माणिक्यों की रोशनी से प्रकाश होता है। और प्रभुता (समृद्धि) का वर्णन कहाँ तक करें, राजा माँगनेवालों की भीड़ को दरवाजे से जाने के लिए कभी नहीं कहते। गंगाजी में नहाकर वे मुक्तामणि लुटाते हैं, बीस बार हरिनाम का कीर्तन कर अपना दूसरा जन्म सुधारने का प्रयास करते हैं। यदि ऐसा ही है तो हे रसखान! ऐसा

होने पर भी तब तक सार्थकता नहीं है जब तक मानव अपना मन पीतांबरधारी प्रभु किशन-कन्हैया में न लगा दे।

सवैया

द्रौपदी औ गनिका गज गीध अजामिल सों कियो सो न निहारो।
गौतम गेहिनी कैसी तरी प्रह्लाद को कैसे हर्‍यो दुख भारो।।
काहे कों सोच करै रसखानि कहा करिहैं रविनंद बिचारो।
ता खन जा खन राखिए माखन चाखनहारा सो राखनहारो।।

द्रौपदी एवं गणिका (एक वेश्या, जो अपने तोते को प्रभु का नाम रटाते-रटाते तर गई थी), गज (हाथी), गिद्ध (जटायु), अजामिल को तुमने तार दिया (उनके पापों को क्षमा कर दिया)। यह नहीं देखा कि वे क्या हैं? गौतम की पत्नी कैसे तर गई तथा कैसे तुमने प्रह्लाद के कठिन दुःख का हरण कर लिया। क्या सोचता है रसखान, रविनंदन (शनिदेव) भी उसका क्या बिगाड़ पाएँगे जिसकी रक्षा माखन चाखनहार (श्रीकृष्ण) करते हों।

देस बिदेस के देखे नरेसन रीझि की कोऊ न बूझ करैगो।
तातें तिन्है तजि जान गिर्‍यो गुन सौ गुन औगुन गाँठि परैगो।।
बाँसुरीवारो बड़ो रिझवार है श्याम जो नैकु सुढार ढरैगो।
लाड़लो छैल वही तौ अहीर को पीर हमारे हिए की हरैगो।।

देश-विदेश के कितने राजा और महाराजाओं को देखा। वे हम पर प्रसन्न हो भी जाएँ तो भी कुछ नहीं कर सकते। वे हमारे सौ गुण और अवगुण देखेंगे। किंतु हमारा बाँसुरीवाला सबसे जल्दी प्रसन्न हो जानेवाला (प्रेमी) है; वही हमसे सच्चा प्रेम करेगा। लाडला छैल बिहारी अहीर मदनमोहन कान्हा हमारे मन की पीड़ा हरेगा।

कवित्त

अंत तें न आयो याही गाँवरे को जायो,
माई बावरे जिवायो प्याइ दूध बारे वारे को।

सोई रसखानि पहिचानि कानि छाड़ि चाहै,
लोचन नचावत नचैया द्वारे-द्वारे को।।
भैया की सौं सोच कछू मटकी उतारे को न,
गोरस के ढारे को न चीर चीर डारे को।
यहै दुख भारी गहै डगर हमारी माझ,
नगर हमारे ग्वाल बगर हमारे को।।

आखिर यह कान्हा और कहाँ जाएगा? अंत में तो इसी गाँव में आएगा। इसलिए हे माँ! उस पगले को दूध पिला-पिलाकर जीवित रखो। रसखान, उसे ही पहचानकर छोड़ना चाहते हो जिसके लिए अपनी आँखें दरवाजे-दरवाजे लगाकर खोजते थे। माँ सोचती है कि अब मटकी कोई नहीं फोड़ता, कोई दूध नहीं गिराता, न ही अब कोई हमारे वस्त्र उठाकर डाली पर रख देता है। यही दुःख बहुत बड़ा है कि हमारे रास्ते को रोकनेवाला नहीं है। हमारे नगर में बिना उस ग्वाले के हमारा और कौन है?

सवैया

दूर तें आइ दुरेहौं दिखाई अटा चढ़ जाइ कह्यौ तहाँ बारौ।
चित्त कहूँ चितवै कितहूँ चित और सों चाहि करै चखवारौ।।
रसखानि कहै यह बीच अचानक जाइ सिढ़ी चढ़ि सास पुकारौ।
सूखि गई सुकवार हियो हनि सैन भटू कह्यौ श्याम सिधारौ।।

श्रीकृष्ण दूर से ही आते दिखाई पड़ते हैं; गोपी अपने घर की छत पर खड़ी होकर बताती है कि वे कहाँ हैं? मन कहीं और देख-सोच रहा है तथा कान कुछ और सुनना चाहते हैं। रसखान कहते हैं कि इसी बीच अचानक सास सीढ़ी पर चढ़कर पुकारती है कि हे सुकुमारी! तू जिसके वियोग में सूखी जा रही है, वे कहीं और गए हैं।

कंस के क्रोध की फैल गई जबहीं ब्रजमंडल बीच पुकार सी।
आइ गए तबहीं कछनी कसिके नटनागर नंदकुमार सी।।

द्वैरद को रद ऐंचि लियो रसखानि इहै मन आइ विचार सी।
लागी कुठौर लई लखि कलंक तमाल तें कीरति डार सी।।

कंस के क्रोध की बात जब संपूर्ण ब्रजमंडल में फैल गई, तभी नटनागर श्रीकृष्ण कमर कसकर सामने आ गए। द्विविद (एक राक्षस, जिसे श्रीकृष्ण ने मारा था) को खींच लिया तब रसखान के मन में यही विचार आया कि अब कंस के माथे पर हार के कलंक का टीका लग गया।

कवित्त

आपनो सो ढोंटा हम सबहीं को जानत हैं,
दोऊ प्रानी सबही के काज नित घावहीं।
ते तौ रसखानि अब दूर तें तमासो देखै,
तरनि तनूजा के निकट नहिं आवहीं।।
आन दिन बात अनहितुन सों कहौं कहा,
हितू जेऊ आए ते ये लोचन दुरावहीं।
कहा कहौं आली खाली देत सब ठाली पर,
मेरे बनमाली कौं न काली ते छुड़ावहीं।।

वे (नंद) हम सभी को अपने पुत्र जैसा समझते हैं। दोनों ही प्राणी (नंद एवं यशोदा) सबका कोई भी काम पड़ने पर दौड़ पड़ते हैं। हे रसखान! वे ही लोग अब दूर खड़े तमाशा देख रहे हैं। वे अब यमुना के नजदीक भी नहीं आते। और दिनों की बात होती तो कोई बात नहीं थी, लेकिन आज तो ये लोग अपनी नजरें चुरा रहे हैं। क्या कहूँ सखी, सभी लोग बेकार में बातें बनाते हैं। मेरे श्रीकृष्ण को कोई भी कालिय (कालिय नाग, जिसे श्रीकृष्ण ने परास्त किया था) से छुड़ाता नहीं है।

सवैया

लोग कहैं ब्रज के रसखानि अनंदित नंद जसोमति जू पर।
छोहरा आजु नयो जनम्यो तुमसो कोऊ भाग भर्यो नहिं भू पर।।

वारि के दाम सवाँर करौ अपने अपचाल कुचाल ललू पर।
नाचत रावरो लाल गुपाल सो काल सौ व्याल-कपाल के ऊपर।।

ब्रज के सभी लोग कहते हैं कि रसखान, नंद और यशोदा के आनंद की कोई सीमा नहीं है। आज जो पुत्र तुम्हारे यहाँ जनमा है, उसे देखकर ऐसा लगता है कि धरती पर कोई तुम्हारे जितना भाग्यवान् नहीं है। अपने इस लाल पर धन न्योछावर कर भाग्य के कुचाल पर लुटा दो। देखो, तुम्हारा कन्हैया काल जैसे सर्प के सिर के ऊपर कैसे नृत्य कर रहा है।

सार की सारी सो भारी लगै धरिवै कहँ सीस बघंबर पैया।
हाँसी सो दासी सिखाइ लई हैं वेई जु वेई रसखानि मन्हैया।।
जोग गयो कुबजा की कलानि मै री कब ऐहैं जसोमति मैया।
हा-हा न ऊधो कुढ़ावो हमैं अबहीं कहि दै ब्रज बाजै बधैया।।

जब शरीर पर साड़ी ही भारी लग रही है तो बाघंबर कौन पहनेगा? हँसकर मथुरा की दासियों ने उन्हें कुछ सिखा-पढ़ा दिया है। रसखान कौन है, जो उन्हें मनाकर ले आएगा? हे ऊधव! अब हमें जलाओ मत, यह बता दो कि वे (कृष्ण) कब आएँगे, ताकि ब्रज में बधाई बज सके।

को रिझवारिन कों रसखानि कहै मुकतानि सों माँग भरौंगी।
कोऊ कहै गहनो अंग अंग दुकूल सुगंध भर्‌यों पहरौंगी।।
तू न कहै यों कहैं तौ कहौ हूँ कहूँ न कहूँ तेरे पाँय परौंगी।
देखहु याहि सुफूल की माल जसोमति लाल निहाल करौंगी।।

कोई उन्हें (श्रीकृष्ण को) मोहित करने के लिए कहता है कि वे मुक्तामणि से माँग सजाएँगी। कोई कहता है कि अंग-अंग में गहने तथा वस्त्र सुगंध से भरे वस्त्र पहनेंगी। लेकिन तुम तो कुछ भी नहीं कहती हो और यदि कुछ कहती हो तो तेरे पाँव पड़ती हूँ, कुछ मत कहो। बस, मैं तो मधुबन के फूलों से श्रृंगार करके यशोदा के लाल को सुखी करूँगी।

देखिहौं आँखिन सों पिय को अरु कानन सों उन बैन कों प्यारी।
बाँके अनंगनि रंगनि की सुरभी न सुगंधनि नाक में डारी।।
त्यों रसखानि हिए में धरौ वहि साँवरी मूरति मैं न उजारी।
गाँव भरी कोउ नाव धरौ पुनि साँवरी हौं बनिहौं सुकुमारी।।

इन आँखों से बस अपने प्रियतम को देखूँगी और कानों से बस उनकी प्रिय वाणी को ही सुनूँगी। अपने युवा अंगों में कामदेव का रंग बसाकर गायों के शरीर की सुगंध अपनी नाक में बसाकर हे रसखान! बस वही साँवली सूरत हृदय में बसाए गाँव भर जो कहे, मैं सुकुमारी बनकर उसके साथ में जाऊँगी।

एक समै इक लालनि कों ब्रजजीवन खेलत दृष्टि पर्‌यौ है।
बालप्रवीन सके करिके सरकाइ के मोर न चीर धर्‌यौ है।।
यों रसही रसखानि सखी अपनो मनभायो कर्‌यौ है।
नंद के लाड़िले ढाँकि दै सोस हहा हमारो बर हाथ भर्‌यौ है।।

एक समय ब्रज के प्राण-आधार श्रीकृष्ण की दृष्टि खेलते-खेलते एक ब्रजगोपी पर पड़ गई। बाल-लीला में कुशल मनमोहन ने उसके वस्त्र खींचकर अपने हाथों से पकड़ लिये। इस तरह रसखान, उस रस-कुशल ने अपनी मनमानी क्रीड़ा कर ली। अरे नंद के दुलारे, मेरे सिर को ढक दे (पल्लू सिर पर डाल दें), हमारे हाथ में गोबर लगा है।

सोई हुती पिय की छतियाँ लगि बालप्रवीन महामुद मानै।
केस खुले छहरैं बहरैं कहरैं छबि देखत मैन अमानै।।
वा रस मै रसखानि पगी रति रैन जगी अँखियाँ अनुमानै।
चंद पै बिंब औ बिंब पै केरव केरव पै मुकतान प्रमानै।।

सोई हुई प्रिया अपने प्रियतम की छाती से लगकर बाल श्रीकृष्ण की बाललीला में खोकर अतिशय सुख की अनुभूति करती है। उसी रस में भीगी रात को जागकर अनुमान लगाती है कि चाँद पर छाया है, छाया में साँवरा है और साँवरे के सिर पर मुक्तामणि के समान चाँद है।

आवत लाल गुपाल लिये मग सूने मिली इक नार नवीनी।
त्यों रसखानि लगाइ हिये भट् मौज कियो मनमाहिं अधीनी।।
सारी फटी सुकुमारी हटी अँगिया दरकी सरकी रँगभीनी।
गाल गुलाल लगाइ के अंक रिझाई बिदा कर दीनी।।

श्रीकृष्ण को रास्ते में एक नई कोमल व सुकुमार गोपी मिल गई। उस श्रेष्ठ नारी को अपने हृदय से लगाकर मनमोहन ने अपने अधीन कर मनमानी की। उसकी साड़ी फट गई, चोली सरककर हट गई और वह रंग से भीग गई। तब श्रीकृष्ण ने उसके गालों पर गुलाल लगाकर, आलिंगन कर, मोहित करके विदा कर दिया।

लीने अबीर भरे पिचका रसखानि खरो बहु भाय भरो जू।
मार से गोप कुमार कुमार से देखत ध्यान टरो न टरो जू।।
पूरब पुन्यनि हाथ पर्‌यौ तुम राज करौ उठि काज करो जू।
ताहि सरो लखि लाख जरौ इहि पाख पतिव्रत ताख धरो जू।।

अबीर तथा रंग से भरी पिचकारी लेकर हे रसखान! श्रीकृष्ण गोपिकाओं को बाँहों में भरकर रंग लगा रहे हैं तथा वे गोपकुमार पिचकारियों से रंग मार रहे हैं। लेकिन उस गोपकुमार को देखते हुए चाहकर भी ध्यान इधर-उधर नहीं जाता। किसी जन्म का पुण्य हाथ लग गया है। तुम राज करो। उठो, कुछ करके वहाँ पहुँचो, जहाँ कृष्ण मुरारी हैं। उन्हें देखने के बाद लाख कुछ भी हो जाए, पतिव्रत धर्म ताक पर रखकर भी उनका प्रेमालिंगन प्रिय है।

कवित्त

आई खेलि होरी ब्रजगोरी वा किसोरी संग
अंग अंग रंगनि अनंग सरसाइगो।
कुंकुम की मार वा पै रंगनि उछार उड़ै
बुक्का और गुलाल लाल लाल तरसाइगो।।
छोड़ै पिचकारिन धमारिल बिगोइ छोड़ै

तोड़ै हियहार धार रग बरसाइगो।
रसिक सलोनो रिझवार रसखानि आज
फागुन में औगुन अनेक दरसाइगो।।

श्रीकृष्ण ने आकर ब्रज की नारियों एवं किशोरियों से होली खेली। उनके अंग-अंग में रंग लगाकर मानो हर अंग में कामदेव को ही बसा दिया। कुंकुम की पिचकारी मारते हैं और उस पर से रंग डाल देते हैं। रंग और अबीर से लाल सबके मन को व्याकुल कर गए। पिचकारी छोड़कर उनकी लहँगा-चोली को भिगोकर छोड़ते हैं। उनका यह खेल मन की तमाम सीमाओं को तोड़कर जैसे मन को भी रंगीन कर देता है। हे रसखान! रसिक शिरोमणि ने आज फागुन के अनेक अवगुणों को स्पष्ट कर दिया।

सवैया

जाहु न कोऊ सखी जमुना जल रोके खड़ो मग नंद को लाला।
नैन नचाइ चलाइ चितै रसखानि चलावत प्रेम को भाला।।
मै जु गई हुती बैरन बाहिर मेरी करी गति टूटि गो माला।
होरी भई के हरी भए लाल के लाल गुलाल पगी ब्रजबाला।।

हे सखी! कोई भी यमुना में जल भरने मत जाओ, क्योंकि नंद का पुत्र (श्रीकृष्ण) मार्ग रोके खड़ा है। रसखान, वह आँखों को नचा-नचाकर देखता है और प्रेम रूपी भाला मारता है। मैं जो बाहर गई थी कि मेरी गले की माला ही टूट गई। यह होली क्या हो गई है, साँवरा लाल हो गया है और लाल गुलाल से ब्रजबालाएँ सराबोर हो गई हैं।

कवित्त

गोकुल को ग्वाल कान्हि चौमुँह की ग्वालिन सौं
चाँचर रचाइ एक धूमहिं मचाइगो।
हियो हुलसाय रसखानि तान गाइ बाँकी

सहज सुभाइ सब गाँव ललचाइगो।।
पिचका चलाइ और जुबती भिजाइ नेह
लोचन नचाइ मेरे अंगहि बचाइगो।
सासहि नचाइ भोरी नन्दहि नचाइ खोरी
बैरिन सचाइ गोरी मोहि सकुचाइगो।।

गोकुल के ग्वाल कल चौमुँह की ग्वालिनों के साथ होली का स्वाँग बनाकर धूम मचा गए। हृदय को सुख देनेवाली अपनी बाँकी छवि को चारों ओर फैलाकर अपने सहज प्रेम स्वभाव से सबको ललचा गए। पिचकारी चलाकर सभी युवतियों को अपने प्रेम से भिगो गए। अब तो सास सुबह नृत्य करती है तो ननद शाम को नाचती है। मैं भी अपने बैर का बदला लेना चाहती थी, परंतु मेरा मन संकोच से भर गया।

सवैया

फागुन लाग्यो सखी जब तें तब तें ब्रजमंडल धूम मच्यो है।
नारि नवेली बचैं नहि एक बिसेख यहै सबै प्रेम अच्यो है।।
साँझ सकारे वही रसखानि सुरंग गुलाल लै खेल रच्यो है।
को सजनी निलजी न भई अरु कौन भटू जिहिं मान बच्यो है।।

हे सखी! जब से फागुन शुरू हुआ है, तभी से संपूर्ण ब्रजमंडल में धूम मच गई है। एक भी युवती बची नहीं है। सभी विशेष प्रेम में डूबी हुई हैं। शाम होते ही गुलाल लेकर होली का खेल पुनः शुरू हो जाता है। अरे प्रिये! इस माहौल में कौन निर्लज्ज नहीं हो गई है? ऐसी कौन मानवती नारी है, जिसका मान (अहंकार) बच गया है?

इक ओर किरीट लसै दुसरी दिसि नागन के गन गाजत री।
मुरली मधुरी ध्वनि ओठन पै उत डामर नाद से बाजत री।।
रसखानि पितम्बर एक कंधा पर एक बघम्बर राजत री।
कोउ देखहु संगम लै बुड़की निकसे यह भेख विराजत री।।

एक ओर सुंदर मुकुट सुशोभित हैं तो दूसरी ओर नागों की माला पहने हैं। मुरली की मधुर ध्वनि होंठों पर है तो डमरू तीव्र स्वर में बज रहा है। हे रसखान! एक कंधे पर पीतांबर है तो एक कंधे पर बाघांबर रखा है। कोई देखे इस अद्‌भुत वेष का संगम, इसमें बिना डूबकर निकले समझ में नहीं आ सकता है।

यह देख धतूरे के पात चबात औ गात सों धूरि लगावत हैं।
चहुँ ओर जटा अँटकें लटकें फनि सैक फनी फहरावत हैं।।
रसखानि जेई चितवै चित दै बिनके दुख दुंद भजावत हैं।
गजखाल कपाल की माल बिसाल सो गाल बजावत आवत हैं।।

इस हाथ से तो धतूरे का पत्ता खाते हैं और उस हाथ से धूल लगाते हैं। चारों ओर सिर की जटाएँ इधर-उधर होकर फहरा रही हैं। उसमें विषधर नाग अपने फन लहरा रहे हैं। हे रसखान! जो इस रूप का ध्यान धरते हैं, दुंद (शिव) उनके दुःख भगाते हैं। विशाल मुंडों की माला धारण किए हुए वे आशीष देने के लिए चले आते हैं।

वैद की औषधि खाइ कछू न कर वह संजम री सुनि मोसें।
तो जलपानि कियो रसखानि सजीवन जानि लियो सुख तोसें।।
एरी सुधामयी भागीरथी निपतत्थि बनै न सनै तुही पोसें।
आक धतूर चबात फिरै विषै खात फिरै सिब तोरे भरोसें।।

हे गंगे! वैद्यों की दवा खाने से कुछ नहीं होता, वह आपका सेवन करने से हो जाता है। जो आपके जल का पान करता है। हे रसखान! समझो कि वह संजीवनी को पीने के सुख का लाभ उठा रहा है। हे अमृतमयी गंगे! आपका सेवन किए बिना कोई भी पूर्ण स्वास्थ्य-लाभ नहीं कर सकता। शिवजी आक, धतूरा चबाते रहते हैं तथा हे गंगे! जहर का पान भी कर लेते हैं, वह मात्र आपके भरोसे पर।

बैन वही उनको गुन गाइ औ कान वही उन बैन सों सानी।
हाथ वही उन गात सरै अरु पाइ वही जु उही अनुजानी।।
जान वही उन प्रान के संग औ मान वही जु करै मनमानी।
त्यों रसखानि वही रसखानि जु हैं रसखानि सो है रसखानी।।

बोली वही है, जो दिन-रात उनका गुणगान करे और कान वही हैं जो उनकी अद्‌भुत वाणी सुनें। हाथ वही हैं, जो उनकी सेवा करें और पाँव वही हैं जो उनका अनुसरण करें। जान वही है, जिसमें प्रभु बसते हैं और मान (अहंकार) वही है, जो सारे संसार को त्याग सके। उसी प्रकार रसखान वही रस की खान है, जो प्रभु के रस का भंडार हो।

जो रसना रस ना बिलसै तेहि देहु सदा निज नाम उचारन।
सो करनी कर नीको कर जु पै कुंज कुटीरन देहुँ बुहारन।।
सिद्धि समृद्धि सबै रसखानि लहौं ब्रज रेणुका अंग सँवारन।
खास निवास मिलै तो सही उहि कालिन्दी फूल कदंब की डारन।।

अगर यह जिह्वा रस को भोगे बिना नहीं मानती हो तो इसे प्रभु के नाम के उच्चारण का मधुर रस दो। यदि अच्छा कार्य करना हो तो मधुन की कुटियों को बुहारने का काम करो। सिद्धि और समृद्धि रसखान, सबकुछ मिल जाता है मात्र श्रीकृष्ण की धूल को अपने शरीर में लगा लेने से। हे प्रभु! यदि मुझे कोई रहने की जगह मिले तो उसी यमुना के किनारे।

सेस सुरेस दिनेस गनेस प्रजेस धनेस महेस मनाओ।
कोऊ भवानी भजो मन की सब आस सबै बिधि जाय पुराओ।।
कोऊ रमा भजि लेहु महाधन कोऊ कहूँ मनवांछित पाओ।
है रसखानि मेरे वही साधन और त्रिलोक रहो कि नसाओ।।

तुम शेष (भगवान् विष्णु जिस पर शयन करते हैं), सुरेश (इंद्र), दिनेश (सूर्य), गणेश, प्रजेस (प्रजापति ब्रह्माजी), धनेस (श्रीविष्णु) और शंकर (महेश) को प्रसन्न करो। कोई भवानी का भजन करे और अपनी

सभी आशाओं को संपूर्ण करे। कोई श्रीलक्ष्मी का भजन करे और अतुलित धन तथा मनोवांछित वरदान पा जाए। हे रसखान! मेरे तो वही (श्रीकृष्ण) एकमात्र साधन हैं, चाहे ये तीनों लोक रहें या नष्ट हो जाए।

दृग दूने खिंचे रहैं कानन लौं लट आनन पै लहराय रही।
छक छैल छबीली छटा छहराय के कौतुक कोइ दिखाय रही।।
झुक झूम झमाकन चूम अमी चहि चाँदनी चंद चुराय रही।
मन भाय रही रसखानि महालखि मोहन को तरसाय रही।।

नेत्र कानों तक खिंचे हुए हैं और मुख पर बालों की लटें लहरा रही हैं। अतुलित शोभा से भरी हुई उनकी शोभायमान सूरत करोड़ों तरह के कौतुक दिखा रही है। उनके मुख की शोभा आकाश को चूमती चंद्रमा की चाँदनी चुरा रही है। मन को भानेवाली वह शोभा देखकर मनमोहन का मन लहरा रहा है।

सोई है रास में नैसुक नाचिकें नाच नचाए कितै सबको जिन।
सोई है रीं रसखान इहै मनुहार हु सूधे चितौत नहीं छिन।।
तोमें धौं कौन मनोहर भाव बिंलोकि भयो बस हाहा करी तिन।
औसर ऐसो मिलै न मिलै फिर लंगर मोड़ो कनौड़ो करै किन।।

यह वही श्रीकृष्ण है, जिसने रास में थोड़ा-सा नाचकर सबको नचा दिया। यह वही है, जो आज कितने आग्रह के बाद भी पल भर के लिए हमारी खबर नहीं लेता। पता नहीं कौन से मनभावन भाव देखकर हम रात-दिन इनका नाम जपते रहते हैं। पता नहीं फिर कभी ऐसा अवसर मिले, न मिले, जब उनकी दृष्टि हमारी ओर फिरे।

प्रेम पगे जू रँगे रँग साँवरे मानौं मनाए न लालची नैना।
धावत हैं उत ही जित मोहन रोके रुके नहीं घूँघट ऐना।।
कानन लौं कल नाहिं परै सखि प्रीति में भीजे सुने मृदु बैना।
रसखान भई मधु की मखियाँ अब नेह को बंधन क्यौं हुँ छुटै ना।।

प्रेम में डूबी, साँवरे रंग में रँगी ये लालची आँखें मनाने पर भी नहीं मानतीं। ये भागकर वहीं जाती हैं, जहाँ मदनमोहन मनभावन श्रीकृष्ण हैं। पलकों के घूँघट को रोकने पर भी नहीं रुकतीं। कानों की भी हालत यही है। इन्हें भी अपने प्रियतम की मधुर वाणी सुने बिना चैन नहीं आता। हे रसखान! अब तो मैं मधु में गिरी मक्खी के समान हो गई हूँ। कितना भी करूँ, यह प्रेम का बंधन छुड़ाए नहीं छूटता।

नवरंग अनंग भरी छबि सों वह मूरत आँखि गड़ी ही रहै।
बतियाँ तन की मन ही में रहैं घतियाँ उर बीच अड़ी ही रहै।।
तबहूँ रसखान सुजान अली नलिनी दल बूँद पड़ी ही रहै।
जिय की नहिं जानत हौं सजनी रजनी अँसुवान लड़ी ही रहै।।

कामदेव के समान छवि लिये वह मूरत आँखों में गड़ी ही रहती है। मन की तमाम बातें मन में ही रहीं; दुनिया के तमाम दाँव-पेंच बीच में लगे ही रहे। फिर भी हे सुजान रसखान! यह प्रेम-नलिनी (कमलिनी) में पड़ी बूँद के समान पड़ी ही रही। हृदय को तो नहीं जानती प्रिये, परंतु रातें तो आँसुओं से भीगी ही रहीं।

आवत हैं बन तैं मनमोहन गोहन संग लसै ब्रज ग्वाला।
बेनु बजावत गावत गीत अमीत इतै करिगो कछु ख्याला।।
हेरत टेर थकी चहुँ ओरतें झाँकि झरोखनि तैं ब्रजबाला।
देख सु आनन के रसखान तज्यो सब को त्रय ताप कसाला।।

वन में मनमोहन गायों के साथ आते हैं और उनके साथ में ब्रज के ग्वाल-बाल। बंसी बजाकर वह निर्मोही यहाँ कुछ तमाशा कर गया। उन्हें देखकर सभी नर-नारियाँ व्याकुल हो उठती हैं और अपने-अपने झरोखे से सभी ब्रज-बालाएँ ताकती हैं। उनका मुख देखकर सभी के कष्ट दूर हो जाते हैं।

अंग ही अंग जरात्र जरी अरु सीस बनी पगिया जरतारी।
मोतिनि माल हिये लटके लटुआ लटके सब घूँघरवारी।।
पूरन पुन्य हुँ तैं रसखानि ये मोहनी मूरति आनि निहारी।
चारों दिसा के महाअघ हाँके जो झाँके झरोखे में बाँके बिहारी।।

अंग-अंग में सोने-चाँदी के तारों से सुसज्जित वस्त्र और सिर पर पीली पगड़ी है। मोतियों की सुंदर माला उनके गले में लटकी है और चेहरे पर बालों की सुंदर लटें लटकी हैं। संपूर्ण पुण्य का लाभ मिल जाता है, जब यह मोहिनी मूरत देखने को मिल जाती है। चारों दिशाओं के संपूर्ण पाप नष्ट हो जाते हैं, जब मन के झरोखे से बाँके-बिहारी देखते हैं।

यह गोधन गावत गोधन में जब ते यह मारग है निकस्यो।
तबते कुलकानि किती यो करौं नहीं मानत पापी हियौ हुलस्यो।।
अब तो जु भई सु भई कह होत है लोग अजान हँस्यों सु हँस्यो।
कोउ पीर न जानत जानत सो जिहिके हिय में रसखान बस्यो।।

वे जब से गायों के साथ गाते हुए इस मार्ग से निकले हैं, तभी से कुल की मर्यादाएँ टूट गई हैं और यह पापी हृदय प्रसन्न हुए बिना नहीं मानता। अब तो जो होगा सो होगा; लोग हँसेंगे तो हँसेंगे। हे रसखान! उस हृदय की पीड़ा कोई क्या जानता है, जिनके हृदय में रसखान (श्रीकृष्ण) बसे हैं।

जग कान्ह भए बस बाँसुरी के अब क़ौन सखी हमको चहिहै।
यह राति दिना संग लागी रहै वा सौति की साँसत को सहिहै।।
जिन मोहि लियो मन मोहन को रसखान सु क्यों न हमैं दहिहै।
मिलि आओ सबै कहिं भागि चलैं अब तो ब्रज में बाँसुरी रहिहै।।

हे सखी! श्रीकृष्ण तो अब बाँसुरी के बस में हो गए हैं। अब हमें कौन चाहेगा? वह तो रात-दिन उनके साथ ही लगी रहती है। उस सौत की पीड़ा कौन सहन करेगा? जिसने मनमोहन को मोह लिया है, वह हमें

कैसे नहीं जलाएगी? आओ, सब मिलकर कहीं दूर भाग चलें, क्योंकि अब तो ब्रज में केवल यह बाँसुरी ही रहेगी।

सवैया

लाड़िली लाल लसैं लखिए अलि पुंजन कुंजनि में छवि गाढ़ी।
ऊजरी ज्यों बिजुरी सी जुरी चहुँ गूजरी केलि कला सम काढ़ी।।
त्यों रसखान न जानि परै सुखमा तिहुँ लोकनि की अति बाढ़ी।
लालन बाल लिये बिहरैं छहरैं सिर मोरपखी ठग ठाढ़ी।।

श्रीराधा तथा कृष्ण की यह जोड़ी देखिए। मधुबन के कुंजों में इनकी छवि दिखाई दे रही है। जिस प्रकार विद्युत् प्रभा दिखाई पड़ती है, उसी प्रकार काम-कला के समान इनकी श्वेत-श्याम छवि दिखाई दे रही है। हे रसखान! यह अद्भुत शोभा तीनों लोकों की शोभा बढ़ा रही है। सभी ललनाओं की प्रसन्नता के बिंदु वही हैं, जिनके सिर पर मोरपंखों की अद्भुत शोभा है।

मोहन जू के वियोग की ताप मलीन महाद्युति देह तिया की।
पंकज सो मुख गो मुरझाय लगैं लपटैं विरहागि हिया की।।
ऐसे में आवत कान्ह सुने रसखान सुनी तरकी अँगिया की।
यों जगि जोति उठी तनकी उसकाय दई मनौं बाती दिया की।।

मोहन के वियोग की अग्नि ने गोपी के शरीर की श्रेष्ठ कांति को धूमिल कर दिया है। कमल के समान मुख मुरझा गया है। इस पर विरहाग्नि की तीव्र लपट लग गई है। ऐसे में कान्हा का आना सुनकर चोली का बंधन टूट गया है। इस प्रकार तन की कांति उसी तरह पुनः शोभायमान हो उठी जिस प्रकार दीपक की बाती को उकसा देने पर प्रकाश बढ़ जाता है।

जात हुती जमुना जल को मनमोहन घेरि लियो मग आय के।
मोद भर्‌यो लपटाय गयो पट घूँघट टार दियो चित चाय के।।

ओर कहा रसखान कहों मुख चूमत घातन बात बनाय के।
कौन निभै कुलकानि किए हिए साँवरी मूरत की छवि छाय के।।

जा रही थी यमुना जल में पानी भरने कि मनमोहन ने रास्ते में आकर घेर लिया। प्रेम में भरकर वे लिपट गए तथा मुँह का घूँघट हटा दिया। रसखान कहते हैं कि वे बातें बनाकर मुख चूमते हैं। कौन कुल के सम्मान को निभा सके, जिसकी आँखों में साँवरी सूरत छा गई हो।

एक समै जमुना जल में सब मज्जन हेत नसीं ब्रज गोरी।
त्यों रसखान गयो मनमोहन लै कर चीर कदंब की वोरी।।
न्हाय जबै निकसीं बनिता चहुँ ओर चितै चित रोस कर्‌योरी।
हार हियो भरि भावन सों पट दीने लला बचनामृत बोरी।।

एक समय यमुना जल में स्नान करने हेतु ब्रज की सभी गोपियाँ गईं। रसखान, तभी वहाँ मनमोहन जाकर सभी के वस्त्र लेकर कदंब की डाली पर चढ़ गए। नहाकर जब वे गोपियाँ बाहर आईं तो चारों ओर देखने लगीं और मन में क्रोध करने लगीं। जब वे हार गईं तब मनभावन मोहन ने उनके वस्त्र अपनी अमृतवाणी में भिगोकर उन्हें वापस लौटा दिए।

कवित्त

चीर की चटक औ लटक नवकुंडल की
भौंह की मटक नेह आँखिन दिखाउ रे।
मोहन सुजान, गुन-रूप के निधान फेरि
बाँसुरी बजाइ तनु-तपन सिराउ रे।।
एहो बनवारी बलिहारी जाऊँ तेरी आजु
मेरी कुंज आइ नेकु मीठी तान गाउ रे।
नंद के किसोर चितचोर मोरपंख वारे
बंसी वारे साँवरे पियारे इत आउ रे।।

अपने वस्त्रों की चमक और नए कुंडलों को धारण कर वे भौंहें मटकाकर प्रेम से आँखें दिखाते हैं। मोहन, जो गुण और रूप की खान

हैं, बाँसुरी बजाकर शरीर की जलन मिटा देते हैं। हे बनवारी! मैं तुम पर न्योछावर हो जाऊँ। आज आकर मेरी गली में कोई मीठी तान गाओ। नंद के लाड़ले, मन को हरनेवाले, मोरपंखों को धारण करनेवाले, बंसीवाले साँवले प्यारे, यहाँ आओ।

वह साँवरो नंद को छैल अली अब तो अति ही इतरान लग्यौ।
नित घाटन बाटन कुंजन में मोहिं देखत ही नियरान लग्यौ।।
रसखान बखान कहा कहिए तकि सैंननि सो मुसकान लग्यौ।
तिरछौ बरछी सम मारत है दृग बान कमान सु कान लग्यौ।।

हे सखी! यह नंद का साँवरा तो अब कुछ अधिक ही इतराने लगा है। प्रतिदिन घाट पर, रास्ते में तथा गली में मुझे देखकर मेरे नजदीक आने लगा है। हे रसखान! इस बात का बखान कहाँ तक करूँ? वह मुझे तिरछी नजर से देखकर हँसने लगा है। अपनी आँखों की कमान कानों तक खींचकर तिरछी बरछी की तरह मारता है।

काल्हि पर्‌यौ मुरली धुनि में रसखान जु कानन नाम हमारो।
ता छिन तें नहिं धीर रह्यो जग जानि महा मन कीनो पवाँरो।।
गाँवन गाँवन में अब तो बदनाम भई सबसों के किनारो।
तौ सजनी फिरि फेरि कहौं पिय मेरो यही जग ठोंकि नगारो।।

कल जो मेरे कानों में मुरली की धुन के साथ मेरा नाम पड़ गया, उसी क्षण से धीरज नहीं है। सारे संसार में यह मन कहाँ-कहाँ घूमता है? गाँव-गाँव में अब तो मैं बदनाम हो गई हूँ। सभी ने मुझसे किनारा कर लिया है। फिर भी प्रिये, मैं यह पुनः कहती हूँ कि वह मेरा प्रियतम है। यह मैं संपूर्ण संसार में नगाड़ा बजाकर कहती हूँ।

मान की औधि है आधी घरी अरु जौ रसखान डरै डरके डर।
तोरिये नेह न छोड़िये पाँ परों ऐसे कटाच्छ महा हियरा हर।।
लाल गुपाल को हाल बिलोकि री नेंक छुवै किन दै करसों कर।
ना कहिबे पर वारति प्रान कहा लख वारि हे हाँ कहिबे पर।।

अहंकार (मान) का अस्तित्व आधी घड़ी है और रसखान, वह भी हृदय में डर की उत्पत्ति करता है। न कभी प्रेम को तोड़िए और न ही प्रेमी को छोड़िए, चाहे कोई कुछ भी करे, कुछ भी कहे। गोपाल के ऊपर अपना हाल (परिस्थिति) छोड़कर निश्चिंत हो जाओ। न कहने पर तो वह प्राणों का उत्सर्ग कर देता है। हाँ कहने पर भला क्या होगा!

सुनिए सब की कहिए न कछू रहिये इमि या भव डागर में।
करि ये ब्रत नेम सचाई लिये जिनतैं तरिए भव सागर में।।
मिलिए सब सों दुरभाव बिना, रहिए सतसंग उजागर में।
रसखान गुबिंदहि यों भजिए जिमि नागरि को चित गागर में।।

सबकी सुनिए, परंतु खुद कुछ भी न कहिए। व्रत-जाप कीजिए। बिना किसी दुर्भाव के (ईर्ष्या के) सबसे मिलिए तथा जहाँ सत्संग हो रहा है, वहाँ बैठिए। हे रसखान! गोविंद को उसी प्रकार भजते रहिए, जिस प्रकार नारी का मन उसकी गगरी में रहता है।

पहिले दधि लै गई गोकुल में चख चारि भए नट नागर पै।
रसखान करी उन चातुरता कहैं दान दै दान, खरे अर पै।।
नख तैं सिख लौं पट नील लपेटे, लली सब भाँति कँपै डरपै।
जनु दामिनी सावन के घन तैं, निकसै नहीं भीतर ही तरपै।।

पहले दही लेकर मैं गोकुल गई थी। दही चखकर नट नागर और भी चंचल हो गए। रसखान, उनकी चतुराई क्या कहूँ, बस जिद पर अड़ गए कि दान दो, दान दो। वे ऐसे हैं जैसे कोई नख से शिख तक नील लपेटे हुए हो। मैं तो हर प्रकार से उनसे डरती हूँ। वे वैसे ही हैं जिस प्रकार सावन की बिजली हो, जो निकलती नहीं बल्कि भीतर-ही-भीतर तड़पती है।

कंस कुद्‍यो सुनि बानी अकास की ज्यावन हारहिं मारन धायौ।
भादव साँवरी आठई कों रसखान महाप्रभु देवकी जायौ।।
रैनि अँधेरी में लै बसुदेव महावन में अरगै धरि आयौ।
काहु न चौजुग जागत पायौ सो राति जसोमति सोवत पायौ।।

आकाशवाणी सुनकर कंस उन्हें, जो अभी जन्म ही लेने वाले थे, मारने के लिए परेशान था। भादों के कृष्ण पक्ष की अष्टमी को हे रसखान! महाप्रभु ने देवकी की संतान के रूप में जन्म लिया। अँधेरी रात में उन्हें लेकर वसुदेव मधुबन में रख आए। जिस रात संपूर्ण संसार में कोई भी सो नहीं रहा था, उस रात को वसुदेव ने देवकी को सोते हुए पाया।

कवित्त

संभु धरै ध्यान जाको जपत जहान सब
तातें न महान और दूसर अवरेख्यौ मैं।
कहै रसखान वही बालक सरूप धरै
जाको कछु रूप रंग अद्‌भुत अवलेख्यौ मैं।।
कहा कहूँ आली कछु कहती बनै न दसा
नंद जी के अँगना में कौतुक एक देख्यौ मैं।
जगत को ठाटी महापुरुष विराटी जो
निरंजन निराटी ताहि माटी खात देख्यौ मैं।।

जिसका ध्यान स्वयं भगवान् शिव करते हैं और जिनका नाम संसार के संपूर्ण लोग जपते हैं, उनके जैसा महान् मैं किसी दूसरे को नहीं देखता। रसखान कहते हैं कि उन्होंने ही बालक बनकर साकार रूप धारण किया है, जिनका रंग-रूप मैं कुछ अद्‌भुत ही देखता हूँ। क्या कहूँ सखी, अपनी दशा कुछ कहते नहीं बनती। नंदजी के आँगन में मैंने एक अद्‌भुत दृश्य देखा है। संपूर्ण जगत् के आधार रूप महापुरुष संपूर्ण विराट् परमेश्वर, जो निरंजन एवं अखिलेश्वर हैं, उन्हें मैंने नंदजी के आँगन में मिट्टी खाते देखा है।

वेई ब्रम्हा ब्रम्हा जाहि सेवत हैं रैन-दिन
सदासिव सदा ही धरत ध्यान गाढ़े हैं।
वेई विष्नु जाके काज सानी मूढ़ राजा रंक
जोगी जती ह्वै के सीत सह्यौ अंग डाढ़े हैं।।

वेई ब्रजचंद रसखानि प्रान प्रानन के
जाके अभिलाख लाखलाख भाँति बाढ़े हैं।
जसुधा के आगे वसुधा के मान-मोचन में
तामरस-लोचन खरोचन कौ ठाढ़े हैं।।

वे ही परब्रह्म हैं, जिनकी स्वयं ब्रह्मा भी दिन-रात सेवा करते हैं। अपनी महासमाधि में सदाशिव शंकर भी उन्हीं का ध्यान करते हैं। वे ही भगवान् विष्णु हैं, जिनके कर्म अतुलनीय हैं। मूढ़, राजा, भिखारी, योगी, महात्मा-सभी शीत-धूप सहकर भी उनकी तपस्या करते हैं। वे ही ब्रजेश्वर रसखान, जो प्राणों के भी प्राण हैं, जिनके गुणों की कीर्ति अनंत है, वही जगदीश्वर मिट्टी खाने के अपराध में यशोदा के आगे अपनी आँखें झुकाकर धरती खुरचते हुए खड़े हैं।

सवैया

एक सु तीरथ डोलत है इक बार हजार पुरान बके हैं।
एक लगे जप में तप में इक सिद्ध समाधिन में अटके हैं।।
चेत जु देखत हौ रसखान सु मूढ़ महा सिगरे भटके हैं।
साँचहि वे जिन आपुनपौ यह श्याम गुपाल पै वारि छके हैं।।

कुछ वे लोग हैं, जो तीर्थ स्थानों पर घूमते हैं। कुछ वे हैं, जो हजार बार पुराण पढ़ते हैं। कुछ वे हैं, जो बराबर जप-तप में लगे रहते हैं तथा कुछ वे हैं, जो समाधि में अटके हुए हैं। यदि रसखान, सावधान होकर देखो तो सभी लोग महामूर्ख हैं तथा सभी भटके हुए हैं। सही मर्म तो वे ही जानते हैं, जो अपने आप को साँवले श्याम पर न्योछावर कर मस्त हैं।

है छल की अप्रतीत की मूरति मोद बढ़ावै विनोद कलाम में।
हाथ न ऐहै कछू रसखान तू क्यों बहके विष पीवत काम में।।
है कुच कंचन के कलसा न ये आम की गाँठ मढ़ी ककि चाम में।
वैनी नहीं मृगनैनिन की ये नसैनी लगी जमराज के धाम में।।

ये भ्रामक छल की भाँति जीवन की मोह सामग्रियाँ हैं। तुम्हारे हाथ कुछ भी नहीं आएगा रसखान, क्यों बहककर इस काम रूपी विष का पान करते हो? यह शरीर जहर का कलश ही है न कि आम की गुठली को चमड़े में मढ़ दिया गया है। यह मृगनैनियों (नारियों) की बोली नहीं, यह यमराज के लोक में यश का नाश करनेवाली है।

ता जसुदा कह्यौ धेनु की ओट ढिंढोरत ताहि फिरै हरि भूलैं।
ढूँढ़न कूँ पग चारि चलैं मचलैं रज माँहि विथूरि दुकूलैं।।
हेरि हँसे रसखान तबै उर भाल तैं टारि के बार ललै।
सो छबि देखि अनन्दन नन्दजू अंगन अंग समात न फूलै।।

यशोदाजी को गाय की ओट में देखकर प्रभु उन्हें ढूँढ़ते फिर रहे हैं (अर्थात् उनके पास जाना चाहते हैं)। चार पग उनके पास पहुँचने के लिए चलते हैं कि गिर जाते हैं और उनके संपूर्ण वस्त्र धूल से भर जाते हैं। तब रसखान, यशोदाजी आकर उन्हें उठा लेती हैं और उनके माथे से लटों को हटाती हैं। प्रभु का यह रूप देखकर आनंदित नंदजी के अंगों में प्रसन्नता समाए नहीं समाती है।

अलबेली बिलोकनि बोलनि औ अलबेलियै लोल निहारन की।
अलबेली सी डोलनि गंडनि पै छबि सों मिली कुंडल वारन की।।
भटु ठाढ़ौ लख्यौं छबि कैसें कहौं रसखानि गहें द्रुम डारन की।
हिय मैं जिय मैं मुसकानि रसी गति को सिखवै निरवारन की।।

उनका देखना भी अद्भुत है तथा उनकी वाणी भी अद्भुत है। उनके गालों पर जो हिलते कुंडलों की छाया है, वह भी अत्यंत अद्भुत लगती है। गोपी खड़ी-खड़ी उनकी इस छवि को देखती है; परंतु रसखान, वह आलिंगन करने के लिए कैसे कहे? वह मन-ही-मन मुसकरा रही है; उसे प्रेम की चाल कौन सिखाए?

बाँकी बड़ी अँखियाँ बड़रारे कपोलनि बोलनि कोकिल बानी।
सुंदर हास सुधानिधि सो मुख मूरति रंग सुधारस-सानी।।
ऐसी नवेली ने देखे कहूँ ब्रजराज लला अति हो सुखदानी।
डोलति है बन बीथिन मैं रसखानि मनोहर रूप-लुभानी।।

उनकी बड़ी-बड़ी सुंदर आँखें बड़ी ही सुंदर हैं तथा मुख से निकलने वाली सुंदर वाणी कोयल के समान है। उनकी मधुर हँसी मानो सुख की खान है तथा मुख का रंग मानो अमृत से सना हुआ है। ऐसी सुंदरी कहीं नहीं देखी। हे ब्रजेश्वर! तुम तो सुख को देनेवाले हो। रसखान, तुम्हारे मनोहर रूप के प्रेम में वह वन में घूमती रहती है।

लाल लसै पगिया सबके सबके पट कोटि सुगंधनि भीने।
अंगनि अंग सजे सब ही रसखानि जराउ नवीने।।
मुकता गलमाल लसै सब के सब ग्वार कुवार सिंगार सो कोने।
पै सिगरे ब्रज के हरि ही हरि के हरैं हियरा हरि लोने।।

सबकी पगड़ी में लाल लगे हैं तथा सबके वस्त्र सुगंध से भीगे हुए हैं। सबके अंग-अंग सजे हुए हैं तथा सभी ने जड़ाऊ नवीन वस्त्र धारण किए हैं। सभी के गले में मुक्तामणि की माला सुशोभित है। सबके सब ग्वाल बालों ने श्रृंगार कर रखा है। परंतु संपूर्ण ब्रज के प्रिय श्रीकृष्ण ही हैं जिन्होंने सबका हृदय हरण कर लिया है। अर्थात् सबके हृदय में वास करते हैं।

देखिकें रास महाबन को इक गोपबधू कह्यौ एक बधू पर।
देखति हौ सखि मार से गोप कुमार बने जितने ब्रज-भू पर।।
तीछें निहारि लखौ रसखानि सिंगार करौ किन कोऊ कछू पर।
फेरि फिरैं अँखियाँ ठहराति हैं कारे पितम्बर वारे के ऊपर।।

मधुबन का महारास देखकर एक गोप-वधू ने दूसरी गोप-वधू से कहा कि हे सखी! बालक से गोपकुमार इस ब्रज भूमि पर कितने ही हो गए। रसखान, परंतु बार-बार ये आँखें उस श्याम-सलोने पीतांबरधारी पर जाकर रुकती हैं।

दमकें रवि कुंडल दामिनी से धुरवा जिमि गोरज राजत है।
मुकताहल-वारन गोपन के सु तौ बूँदन की छबि छाजत है।।
ब्रजबाल नदी उमही रसखानि मयंकबधू-दुति लाजत है।
यह आवन श्री मनभावन की वरषा जिमि आज बिराजत है।।

सूर्य के समान अद्‌भुत कुंडल विद्युत् प्रभा के समान चमकते हैं तथा गायों के खुरों से उठी धूल शोभित है। मुक्ता भी जहाँ व्यर्थ लगे, उसी प्रकार गोपकुमार के सिर के पसीने की छवि शोभायमान है। ब्रजकुमारों की भीड़ मानो मेघों की सुंदरता को भी शर्मिंदा कर देती है। मनभावन कृष्ण के आगमन से जैसे बारिश के मेघ स्वयं आ गए हैं।

मोर किरीट नवीन लसै मकराकृत कुंडल लोल की डोरनि।
ज्यों रसखान घने घन में दमके बिवि दामिनि चाप के छोरनि।।
मारि है जीव तो जीव बलाय बिलोकि बलाय लौं नैन की कोरनि।
कौन सुभाय सों आवत श्याम बजावत बैनु नचावत मोरनि।।

मोर-मुकुट की शोभा अत्यंत ही सुंदर दिखाई पड़ती है तथा मकर की आकृति की कुंडल की डोरी कपोल तक झुकी हुई है। जिस प्रकार रसखान, घने बादलों में विविध प्रकार की बिजली एक छोर से दूसरे छोर तक कौंध जाती है। नैनों के कोर से देखते हुए वे मरते हुए जीव को भी प्राण दे देते हैं। कौन हैं वे? श्याम, जो बंसी बजाते हुए मोरनी को नचाते हुए आ रहे हैं।

काटे लटे की लटी लकुटी दुपटी सुफटी सोउ आधे कँधाही।
भावते भेष सबै रसखान न जानिए क्यों अँखियाँ ललचाहीं।।
तू कछु जानत या छबि कों यह कौन है साँवरिया बन माहीं।
मोरत नैन मरोरत भौंह निहोरत सैन अमेठत बाँहीं।।

हाथ में बाँस की छोटी छड़ी और सुंदर दुपट्टा आधे कंधे पर लपेटे हुए यह सुंदर भेष अति मनभावन है। रसखान, न जाने क्यों इसे देखने को आँखें ललचा रही हैं। तुम कुछ जानते हो कि वन में सुंदर छविवाला

यह साँवला-सलोना कौन है, जो अपनी आँखें घुमाकर, अपनी भौंहें सिकोड़कर अपनी बाँहें मोड़ रहा है।

कैसो मनोहर बानक मोहन सोहन सुंदर काम ते आली।
जाहि बिलोकत लाज तजी कुल छूटौ है नैननि की चल चाली।।
अधरा मुसकान तरंग लसैं रसखानि सुहाइ महाछबि छाली।
कुंज गली मधि मोहन सोहन देख्यौ सखी वह रूप-रसाली।।

मनोहर बाना बनाए यह शोभनीय मोहन काम समान मदनमोहन हैं, जिन्हें देखकर संपूर्ण शर्म छूट जाती है, कुल की लज्जा खत्म हो जाती है तथा नेत्रों की चंचलता पर रोक लग जाती है। अधरों पर सुंदर मुसकान शोभित है तथा छलिए की यह महाछवि अत्यंत मोहक है। मधुबन की गलियों में शोभित मोहन को देखो सखी, उनका रसीला रूप कितना सुंदर है।

सुधि होत बिदा नर नारिनु की दुति दीठि परे बहियाँ पर की।
रसखान बिलोकत गूँज छरानि तजै कुल कानि दुहूँ घर की।।
सहरात हियौ फहरात हवाँ चितवैं फहरानि पितंबर की।
यह कौन खरौ इतरात गहै बलि की बहियाँ छहियाँ बर की।।

तुम्हें देखकर नर-नारियों की सुध-बुध कहीं खो जाती है। हे रसखान! उन्हें देखकर कुल-वधुएँ दोनों घरों की मर्यादा भूल जाती हैं। उनके हृदय को सहारा मिल जाता है, जब वे पीतांबर को फहराते हुए देखती हैं। यह कौन मचलते हुए खड़ा है, जो उनकी बाँहों का सहारा लिये हुए है।

ए सजनी मनमोहन नागर आगर दौर करी मन माहीं।
सास के त्रास उसास न आवत केसे सखी ब्रजवास बसाहीं।।
माखी भई मधु की तरुनी बरुनीन के बान बिंधी कित जाहीं।
बीथिन डोलति हैं रसखानि रहै निज मंदिर में पल नाहीं।।

हे प्रिय! मनमोहन नटनागर ने जब से दिल में अपना बसेरा किया है, सास की प्रताड़ना से ठंडी आह भी नहीं आती। हे सखी! अब कैसे इस ब्रज में रहूँ? मैं तो मधु की मक्खी हो गई हूँ। श्रेष्ठ शिकारी के बाण से घायल मैं कहाँ जाऊँ? अब तो गलियों में ही घूमती रहती हूँ; एक पल के लिए भी घर जाने का मन नहीं करता।

सखि गोधन गावत हो इक ग्वार लख्यौ वहि डार गहे बट की।
अलकावलि राजति भाल बिसाल लसै बनमाल हिये टटकी।।
जब तें वह तानि लगी रसखानि निवारै को या मग हौं भटकी।
लटकी लट मों दृग-मीननि सों बनसी जियव्रा नट की अटकी।।

हे सखी! एक ग्वाला गाता है और कदंब की डाल में बाँहें डालकर देखता है। उसके विशाल माथे पर सुंदर लटों की पंक्तियाँ सुशोभित हैं तथा वनमाला उसके गले में अटकी हुई है। जब से वह तान हृदय में लगी है, कोई निवारण समझ में नहीं आता और मैं मार्ग चलते हुए भूल जाती हूँ। उसकी सुंदर लटें इन आँखों में बस गई हैं और यह हृदय उसकी मधुर बाँसुरी में अटककर रह गया है।

खंजन मीन सरोजन को मृग को मद गंजन दीरघ नैना।
कुंजन ते निकस्यौ मुसकात सु पान पर्‌यौ मुख अमृत बैना।।
जाइ रहे मन प्रान बिलोचन कानन में रुचि मानत चैना।
रसखानि कर्‌यौ घर मो हिय में निसिवासर एक पलौ निकसै ना।।

उनके सुंदर कमल-पुष्प जैसे नेत्र हिरण के विशाल नेत्रों के गर्व को खत्म करते हैं। वे गलियों से मुसकराते हुए निकले मुँह में पान लिये अमृत वाणी बोलते हैं। उन्हें देखने से प्राण को शांति मिलती है और उनकी वाणी कानों को रुचिकर लगती है। हे रसखान! मैं तो इन्हें अपने हृदय में बसा लूँ और पल भर के लिए भी निकलने न दूँ।

भटु सुंदर श्याम सिरोमनि मोहन जोहन मैं चित चोरत है।
अवलोकन बंक बिलोचन मैं ब्रजबालन के दृग जोरत है।।
रसखानि महावत रूप सलोने को मारग तें मन मोरत है।
गृह काज समाज सबै कुल लाज लला ब्रजराज को तोरत है।।

श्रीश्याम सुंदर शिरोमणि मोहन मेरे चित्त को चुराते हैं। उनकी बाँकी छवि ब्रज-बालाओं के नेत्रों को अपनी छवि से जोड़ती है। हे रसखान! श्याम सलोने का अतिशय सुंदर रूप गोपियों के मार्ग को मोड़ देता है। घर का कार्य तथा समाज की मर्यादा सभी कुछ ब्रजराज का प्रेम तोड़ देता है।

आली लला घन सों अति सुंदर तैसो लसै पियरो उपरैना।
गंडनि पै छलके छवि कुंडल मंडित कुंतल रूप की सैना।।
दीरघ बंक बिलोकनि की अवलोकनि चोरति चित्त को चैना।
मो रसखानि रट्यौ चित री मुसकाइ कहे अधरामृत बैना।।

हे सखी! नंदलाल तो बादलों से भी अधिक सुंदर हैं; उस पर पीतांबर पहने हैं। उनके गालों पर कुंडल की छवि झलकती है तथा सुंदर नेत्रों में रूप की सेना है। अपने विशाल नेत्रों से देखकर वे चित्त का चैन चुरा लेते हैं। हे रसखान! यह मन उन्हीं का नाम जपता है, जो हँसते हुए अमृत की बोली बोलते हैं।

मोहन रूप छकी बन डोलति घूमति री तजि लाज बिचारैं।
बंक बिलोकति नैन बिसाल सुदम्पति कोर कटाछन मारैं।।
रंग भरी मुख की मुसकान लखे सखी कौन जहु देह सम्हारैं।
ज्यौं अरबिंद हिमंत-करी झकझोरि के तोरि मरोरि के डारैं।।

मोहन के रूप से परिष्कृत होकर गोपी वन-वन घूमती फिरती है। बेचारी ने सब लाज छोड़ दी है। उनके विशाल नेत्रों को देखकर सभी दंपती सुखी होते हैं। हे सखी! उनके रंग भरे मुख की मुसकान देखकर भी कौन ऐसा होगा, जो अपने आपको सँभाल सके? जिस प्रकार हेमंत ऋतु की हवाएँ कमल को तोड़-मरोड़ डालती हैं।

आज गई ब्रजराज के मंदिर सुंदर श्याम बिलोक्यौं री माई।
सोइ उठ्यौ पलिका कल कंचन बैठ्यौ महा मनहार कन्हाई।।
ए सजनी मुसकात लख्यौ रसखानि बिलोकनि बंक सुहाई।
मैं तब तें कुलकानि तजी सुबजी ब्रजमंडल माँह दुहाई।।

हे माँ! आज मैं ब्रजराज (नंद) के घर गई थी। वहाँ मैंने सुंदर साँवरे श्याम को देखा। उन्हें सोने के पालने में यशोदा ने दुलार करके बिठा दिया था। हे प्रिय! उनकी मुसकान देखकर मुझे अत्यंत ही सुख मिला। मैंने तब कुल की मर्यादा छोड़कर ब्रजमंडल से दुहाई माँगी।

वा मुख की मुसकानि भटू अँखियानि तें नेकु टरै नहिं टारी।
जौ पलकें पल लागति हैं पल ही पल माँझ पुकारैं पुकारी।।
दूसरी ओर तें नेकु चितै इन नैनन नेम गह्यौ बजमारी।
प्रेम की बानि कि जोग कलानि गही रसखानि बिचार बिचारी।।

उस मुख की मुसकान लाख प्रयत्न करने पर भी आँखों से जाती नहीं। एक पल के लिए आँख लगती है, परंतु दूसरे ही पल ये उसी मधुर मुसकान को पुकारने लगती हैं। ब्रज में दूसरी ओर तो ये आँखें देखना भी पसंद नहीं करतीं। हे रसखान! विचारकर कहो कि जिसे प्रेम का बाण लगा हो, वह योग कैसे समझेगा?

कातिक क्वार के प्रात सरोज किते बिकसति निहारे।
डीठि परे रतनागर के दरके बहु दाड़िम बिम्ब बिचारे।।
लाल सु जीव जिते रसखानि ते रंगनि तोलनि मोलनि भारे।
राधिका श्रीमुरलीधर की मधुरी मुसकानि के ऊपर बारे।।

सुंदर कलँगी (मोरपंख का मुकुट) सिर के ऊपर अति सुंदर लगता है तथा बाँसुरी की तान का रस जैसे अंतस तक काटता है। कान का कुंडल अति शोभित लगता है। हे रसखान! उसे देखकर ऐसा लगता है मानो वह कामदेव का बाण हो। मैं तो ठगी गई। चित्त-चोर ने शरीर का

सब सुख ले लिया है। मुझ अबला को अवश कर दिया। भला यह उस अहीर (श्रीकृष्ण) की कौन सी कला है?

कुंज गली मैं अली निकसी तहाँ साँकरे ढोटा कियौ भटभेरो।
माई री वा मुख की मुसकान गयौ मन बूड़ि फिरै नहिं फेरो।।
डोरि लियौ दृग चोरि लियो चित डार्यौ है प्रेम को फंद घनेरो।
केसी करौं अब क्यों निकसौं रसखानि पर्यौं तन रूप को घेरो।।

मधुबन की गलियों से सखी निकली, जहाँ साँवले लड़के ने अपना बसेरा किया था। अरे माँ! उसके तो मुख की हँसी ही चली गई तथा मन ऐसा डूबा कि फेरे नहीं फिरता। किसी ने उसे मानो अपने वश में कर लिया और मन पर प्रेम का कठिन फंदा डाल दिया। अब वह क्या करे रसखान? कैसे निकले? उसके सौंदर्य पर तो प्रेम का कठोर फंदा पड़ गया है।

लंगर छैलहि गोकुल मैं मग रोकत संग सखा ढिग तै हैं।
जाहि न ताहि दिखावत आँखि सु कौन गई अब तोसों करै हैं।।
हाँसी में हार हद्यौ रसखानि जु जौ कहूँ नेकु तगा टुटि जैहैं।
एकहि मोती के मोल लला सिंगरे ब्रज हाटहि हाट बिकैहैं।।

तुम गोकुल की सड़कों पर डेरा डालकर अपने संगी-साथियों के साथ हमारा मार्ग रोकते हो, सबको आँखें दिखाते हो। कौन कैसी है, तुम्हें अभी पता नहीं है। हँसी-हँसी में रसखान, जो हार पकड़ रहे हो, कहीं उसका धागा टूट गया तो अरे लला, एक ही मोती के भाव में समूचा ब्रज बाजार-बाजार बिकेगा।

काहू को माखन चाखि गयौ अरु काहू को दूध-दही ढरकायौ।
काहू को चीर लै रूख चढ़यौ अरु काहू को गुंजधरा छहरायौ।।
मानै नहीं बरजें रसखानि सु जानियै राज इन्हें घर आयौ।
आव री बूझैं जसोमति सों यह छोहरा जायौ कि मेव मँगायौ।।

किसी का माखन खा जाता है और किसी का दूध-दही गिरा देता है। किसी का वस्त्र लेकर वृक्ष पर चढ़ जाता है तो किसी की चोटी पकड़कर घुमा देता है। मना करने पर भी नहीं मानता, इसलिए रसखान, आपको बताने के लिए हम आए हैं। हम यह नहीं समझ पा रही हैं, माता यशोदा कि तुमने यह पुत्र जनमा है या कोई लुटेरा बुलाया है।

चंद सौं आनन मैन-मनोहर बैन मनोहर मोहत हौं मन।
बंक बिलोकति लोट भई रसखानि हियो हित दाहत हौं तन।।
मैं तब तैं कुलकानि की मैंड़ नखी जु सखी अब डोलत हौं बन।
बेनु बजावत आवत है नित मेरी गली ब्रजराज को मौंहन।।

चाँद-सा मुख है, जिस पर सुंदर होंठ अति शोभायमान हैं तथा उनकी बोली अत्यंत सुंदर है। उनकी युवा छवि को देखकर मैं प्रेमाकुल हो गई। रसखान, यह हृदय की अग्नि शरीर को जलाती है। मैंने तो सखी, कुल की मर्यादा की दीवार को तोड़ दिया है और वन-वन भटक रही हूँ। अब तो प्रतिदिन ही नंद के मोहन बंसी बजाते हुए मेरी गली में आते हैं।

डोरि लियौ मन मोरि लियो चित जोरि लियौ हित तोरि के तानन।
कुंजनि तैं निकर्‌यौ सजनी मुसकाइ कह्यौ वह सुंदर आनन।।
हौं रसखानि भई रसमत्त सखी सुनि के कल बाँसुरी कानन।
मत्त भई बह बीथिन डोलति मानति काहु कि नेकु न आनन।।

हे सखी! मेरे मन को उन्होंने बाँध लिया है तथा मेरे विवेक का हरण उन्होंने मधुर तान बजाकर कर लिया है। हे प्रिय! जब गली से वे सुंदर मुखवाले निकलते हैं तो मैं रस से विभोर हो जाती हूँ। हे रसखान! बाँसुरी सुनकर वह सखी तो उन्मत्त होकर गलियों में घूमती रहती है और किसी की भली बात को भी नहीं मानती।

कालि्ह भटू मुरली धुनि में रसखानि लियौ कहुँ नाम हमारौ।
ता छिन ते भई बैरिनि सास कितौं कियौ झाँकन देति न द्वारौ।।
होत चबाव बलाइ सों आली री जौ भरि आँखिन भेंटिए प्यारौ।
बाट परी अब रीं ठिठक्यौ हियरे अटक्यौ पियरे पटवारौ।।

कल सखी, कान्हा ने बाँसुरी की धुन में जो हमारा नाम ले लिया, उसी पल से मेरी सास मेरी दुश्मन हो गई है। कितना भी करूँ, दरवाजे पर झाँकने तक नहीं देती। हे सखी! बदनामी होती है तो होती रहे, मेरी बला से। मेरी तो बस यही चाहत है कि भरी आँख मैं अपने प्रियतम से भेंट कर लूँ। रास्ता चलते अब मैं ठिठक जाती हूँ, क्योंकि मेरा मन तो अब प्रियतम में लगा है।

ब्रज की बनिता सब घेरि कहैं, तेरौ ढारो बिगारो कहा कस री।
अरी हमको जम काल भई नेकु कान्ह गही तौ कहा रस री।।
रसखानि भली बिधि आनि बनी बसिबो नहीं देत दिना दस री।
हम तो ब्रज को बसिबोई तजौ बस री ब्रज बैरिन तू बँसरी।।

ब्रज की सभी नारियाँ बंसी को घेरकर कहती हैं कि तेरा तो ढंग ही बिगड़ गया है। कान्हा को अपने बस में करके तू तो हम लोगों के लिए मृत्यु-तुल्य हो गई है। तू तो भली प्रकार आकर बस गई है। हमें तो अब दस दिन भी रहने नहीं देती। हम लोग तो अब ब्रज को छोड़ ही देंगे। हे दुश्मन बाँसुरी! अब तू ही ब्रज में रह।

बन बाग तड़ागनि कुंज गली अँखियाँ सुख पाइहैं देखि दई।
अब गोकुल माँझ बिलोकियैगी वह गोप सभाग सुभाय रई।।
मिलिहै हँसि गाइ कबै रसखानि कबै ब्रजबालनि प्रेममई।
वह नील निचोल के घूँघट की छवि देखबी देखन लाज लई।।

हे रसखान! वह वन, बाग, गलियाँ देखकर आँखों को सुख मिलेगा। गोकुल की गलियों को देखकर उन गोपों के समान मेरा भी सौभाग्य जाग्रत् हो जाएगा। कभी हँस-गाकर तो कभी प्रेममय होकर ब्रज-बालाओं से मेरी

मुलाकात होगी। अब मैं उन नीले वस्त्रों को धारण करनेवाली (श्रीराधा) के घूँघट की माधुरी छवि देखूँगा।

कुंजनि कुंजनि गुंज के पुंजनि मंजु लतानि सौं माल बनैवो।
मालती मल्लिका कुंद सौं गूँदि हरा हरि के हियरा पहिरैवो।।
आली कबै इन भावने भाइन आपुन रीझि के प्यारे रिझैवो।
माइ झके हरि हाँकरियो रसखानि तके फिरि के मुसकैवो।।

गली-गली से फूलों का समूह जुटाकर मंजु (चंपा) की लताओं की माला बनाऊँगी तथा मालती पुष्प साथ में गूँथकर हार बनाकर प्रभु के गले में पहनाऊँगी। हे सखी! अपने भावों से उन्हें पूजकर स्वयं ही उन पर रीझकर उन्हें रिझाऊँगी। हे माँ! उन्हें पुकारकर देखूँगी तथा फिर मुसकराऊँगी।

सब धीरज क्यों न धरौं सजनी पिय तो तुम सों अनुरागेइगौ।
जब जोग सँजोग को आन बनै तब जोग बिजोग को मानेइगौ।।
निसचै निरधार धरौ जिय में रसखान सबै रस पावेइगौ।
जिनके मन सो मन लागि रहै जिनके तन सों तन लागेइगौ।।

हे प्रिय! यह मन धीरज क्यों न धरे? क्योंकि प्रिय से अनुराग तो हो ही गया है। जब वियोग का संयोग बन ही गया है तो उसे तो स्वीकार करना ही पड़ेगा। मिलन का निश्चय हृदय में रखो रसखान, एक दिन सब रस मिलेगा। जब मन से मन लग गया है तो तन से तन लगेगा ही।

चंदन खोर पै बिंदु लगाय के कुंजन तें निकस्यौ मुसकातो।
राजत है बनमाल गरे अरु मोरपखा सिर पै फहरातो।।
मैं जब तें रसखान बिलोकति ही कछु और न मोहि सुहातो।
प्रीति की रीति में लाज कहा सखि है सब सों बड़नेह को नातो।।

माथे पर चंदन की बिंदी लगाए श्रीकृष्ण गलियों से मुसकराते हुए निकले। गले में वनमाला सुशोभित है और मोर का पंख सिर पर फहरा रहा है। हे रसखान! मैंने जब से उन्हें देखा है, कुछ अच्छा नहीं लगता।

प्रीत की इस विद्या में लाज कहाँ है, सखी? यह सब तो स्नेह का रिश्ता है।

श्री वृषभान की छान धुजा अटकी लरकान तें आन लई री।
वा रसखान के पानि की जानि छुड़ावति राधिका प्रेममई री।।
जीवन मूरि सी नेज लिये इनहूँ चितयौ उनहूँ चितई री।
लाल लली दृग जोरत ही सुरझानि गुड़ी उरझाय दई री।।

श्री वृषभान की झोंपड़ी में वे (श्रीकृष्ण) आ जाते हैं। हे रसखान! उन्हें आते जानकर श्री राधिका प्रेममय हो जाती हैं। दोनों ही एक-दूसरे को देखते हैं। श्रीकृष्ण और राधिका के नेत्रों के जुड़ते ही सुलझी हुई बातें उलझ जाती हैं।

आई सबै ब्रज-गोप लली ठिठकीं ह्वै गली जमुना-जल न्हाने।
औचक आइ मिले रसखानि बजावत बेनु सुनावत ताने।।
हा हा करी सिसकीं सिगरी मति मैन हरी हियरा हुलसाने।
घूमें दिवानी अमानी चकोर सों ओर सों दोऊ चलैं दृग बाने।।

ब्रज की सभी गोपियाँ यमुना-जल में स्नान करने आई थीं। तभी अचानक श्रीकृष्ण बंसी बजाते हुए आ गए। 'हाय-हाय' करके सभी शरमा गईं, परंतु उनके हृदय प्रसन्नता से भर गए। सभी चकोर की भाँति उनकी ओर घूम गईं तथा नेत्रों से प्रेम-रूपी बाण चलने लगे।

नंद को नंदन है दुख कंदन प्रेम के फंदन बाँधि लई हौं।
एक दिना ब्रजराज के मंदिर मेरी अली इक बार गई हौं।।
हेर्‌यौ लला लचकाइ के मो तन जोहन की चकडोर भई हौं।
दौरि फिरौं दृग डोरनि मैं हिय मैं अनुराग की बेलि बई हौं।।

नंदनंदन श्रीकृष्ण प्रेम की डोर में बाँधकर दुःख देते हैं (प्रेम रूपी दुःख, जो अनंतर प्रेमी के लिए अपरिमित सुख है)। एक दिन नंद के घर मेरी एक सखी गई थी। वहीं श्रीकृष्ण ने उसे प्रेम-बंधन में बाँध लिया।

तभी से वह चकोर की भाँति हो गई है। नेत्रों की डोर में बँधी उसके हृदय में प्रेम का बीज बो गया है।

मारग रोकि रह्यौ रसखानि के कान परी झनकार नई है।
लोग चितै चित दै चितए नख तैं मन माहिं निहाल भई है।।
ठोढ़ी उठाइ चितै मुसकाइ मिलाइ के नैन लगाई लई है।
जौं बिछिया बजनी सजनी हम मोल लई पुनि बेंचि दई है।।

न कभी मैंने उनकी बात सुनी, न मैं उनसे बोलकर हँसी हूँ। कल ही दूध बेचने निकली और ब्रजवासियों के बीच चली गई और आज ही उनसे 'दही ले लो' कहकर कुछ हँस पड़ी है और वही मुसकान तो जैसे दुश्मन हो गई है, जिसमें रसखान के प्राण बसते हैं।

जमुना-तट बीच गई जब ते तब तें जग के मन माँझ तहौं।
ब्रज मोहन गोहन लागि भटू हौं लटू भई लूट सी लाख लहौं।।
रसखान लला ललचाय रहे गति आपनी हीं कहि कासों कहौं।
जिय आवत यों सब भाँति निसंक ह्वै अंक लगाय रहौं।।

जब से यमुना तट पर गई हो, संसार की सारी बंदिशें टूट-सी गई हैं और मैं तो ब्रजमोहन (श्रीकृष्ण) के पीछे लट्टू-सी हो गई हूँ। रसखान, श्रीकृष्ण तो मुझे ऐसे ललचा रहे हैं कि अपनी गति (हाल) किससे कहूँ? वे आते हैं और आकर सभी तरह से अंक (बाँहों) में भरकर गले से लगा रहे हैं।

प्यारी पै जाइ कितौ परि पाइ पची समझाइ सखी की सौं बैना।
बारक नंदकिशोर की ओर कह्यौ दृग छोर की कोर करै ना।।
ह्वै निकस्यौ रसखान कहूँ उत डीठ पर्‌यौ पियरो उपरैना।
जीव सो पाय गई पचिवाय कियौ रुचि नेह गये ललि नैना।।

प्रिया जाकर उधर सो गई (गोपी के विरह वर्णन की अवस्था)। सखी ने लाख समझाया, परंतु उसे बात समझ में नहीं आई। कहने पर

भी नंदकिशोर (श्रीकृष्ण) की ओर दृष्टि नहीं करती है (गोपी मान कर रही है)। हे रसखान! कहीं पीला वस्त्र पहने श्रीकृष्ण की दृष्टि उन पर पड़ जाए तो सारे विकार शांत हो जाएँगे।

सखियाँ मनुहारि के हारि रही भृकुटी को न छोर लली नचयौ।
चहुँधा घनघोर नयो उनयौ नभ नायक ओर चितै चितयौ।।
बिकि आप गई हिय मोल लियौ रसखान हितू न हियों रिझयौ।
सिगरो दुख तीछन कोरि कटाछन काटि के सौतिन बाँटि दियौ।।

सखियाँ निवेदन करके थक गईं, परंतु श्रीराधिका की तनी हुई भौहों का कोना नीचे नहीं आया। चारों ओर जैसे काले बादल घिर आए हों। हृदय के सौदे में अपने आप ही घिर गईं। रसखान प्रेमी का हृदय प्रसन्न नहीं हुआ। तब अपनी विरह के सभी तीक्ष्ण दु:खों को काट-काटकर सौतनों में बाँट दिया।

खेलै अलीजन के गन मैं उत प्रीतम प्यारे सों नेह नबीनो।
बैननि बोध करै इत कौं उत सैननि मोहन को मन लीनो।।
नैननि की चलिबी कछु जानि सखी रसखानि चितैबे कौं कीनो।
जा लखि पाइ जँभाइ गई चुटकी चटकाइ बिदा करि दीनो।।

सखियों के साथ वहाँ नवीन प्रेम का रूप धारण कर प्रियतम प्यारे खेल रहे हैं। एक का तो बातों से मन भर रहे हैं, दूसरे का आँखों से मन मोह रहे हैं। नैनों को कुछ इधर-उधर चलते देख रसखान, सखी ने नाराज होकर कुछ किया, जिसे देखकर वे जँभाई (नींद आने का बहाना) करने लगे और चुटकी बजाकर उन्होंने सबको विदा कर दिया।

कान परे मृदु बैन मरू करि मौन रही पल आधिक साधे।
नंद बबा घर कों अकुलाय गई दधि लै बिरहानल दाधे।।
पाय दुहूननि प्राननि प्रान सों लाज दबै चितवै दृग आधे।
नैननि ही रसखान सनेह सही कियौ लेउ दही कहि राधे।।

बड़ी ही कठिनाई से वह मधुर आवाज कानों में पड़ी, जिसे सुनने के लिए वह कई पल से मौन साधे रही। फिर व्याकुल होकर वह दही लेकर नंद बाबा के घर गई, जो विरह की अग्नि से दग्ध थी। दोनों नेत्रों ने प्राणों के भी प्राण को पाकर लाज से आँखों को आधा मूँदकर देखा। नैनों से ही श्रीकृष्ण ने अपना प्रेम जताया और 'राधे' कहकर दही ले लिया।

केसरिया पट केसरि खौर बनौ गर गुंज को हार ढरारो।
को हौ जू आपनी या छवि सों जु खरे अँगना प्रति डीठि न डारो।।
आनि बिकाऊ से होइ रहे रसखानि कहै तुम्ह रोकि दुवारो।
हैं तौ बिकाऊँ जौ लेत बन हँस बोल तिहारो है मोल हमारो।।

केसरिया वस्त्र, केसरिया तिलक और गले का हार अत्यंत ही सुंदर है। कौन है, जो इस सुंदर छवि पर अपनी दृष्टि डाले बिना रह सकता है? रसखान कहते हैं कि इस छवि पर तो कोई भी बिक जाएगा। मैं भी बिकाऊँ हूँ, यदि लेते हो। क्योंकि मेरा मूल्य है तुम्हारा हँसकर बोलना।

मैं रसखान की खेलनि जीति के मालती मालती माल लई री।
मेरीये जानि के सूधि सबै चुप ह्वै रही काहु करी न खई री।।
भावते स्वेद की बास सखी ननदी पहिचानि प्रचंड भई री।
मैं लखियो लखि के अँखियाँ मुसकाय लचाय नचाय दई री।।

हे रसखान! मैं खेलने जाते समय मालती पुष्प की सुंदर माला लिये हुए थी। मेरे दिल की बात जानकर सभी चुप रह गए। किसी ने भी झगड़ा नहीं किया। परंतु सुगंध पाकर ननद झगड़ा करने लगी। मैं उन आँखों को देखकर सबकुछ भूलकर आँखें नचाकर हँसने लगी।

वृषभान के गेह दिवारी के द्यौस अहीर अहीरनि भीर भई।
जितही तितही धुनि गोधन की सब ही ब्रज ह्य रह्यौ राम भई।।
रसखान तबै हरि राधिका यों कछु सैननि ही रस बेल बई।
उहि अंजन आँखिनि आँज्यौ भटू इन कुंकुम आड़ लिलार दई।।

वृषभान के घर दीवाली के समय गोप-गोपियों की भीड़ हो गई है। जहाँ-तहाँ गोधन (गाय-बछड़ों) की आवाज आती है। सभी ब्रजवासी एक-दूसरे से मिल रहे हैं। रसखान, तभी श्रीकृष्ण और श्रीराधिका के नयन मिल गए। उनकी आँखों में काजल है और इनके माथे पर तिलक।

बात सुनी न कहूँ हरि की न कहूँ हरि सों मुख बोल हँसी है।
काल्हि ही गोरस बेचन कौ निकसी ब्रजवासिनि बीच लसी है।।
आजु ही बारक लेहु दही कहि के कछु नैनन मैं बिहँसी है।
बैरिनि वाहि भई मुसकानि जु वा रसखानि के प्रान बसी है।।

न कहीं हरि (श्रीकृष्ण) की बात सुनी, न ही कही। श्रीहरि से बोलकर हँसी हूँ। कल ही दूध बेचने निकली तो ब्रजवासियों के बीच उसकी चर्चा सुनी। और आज ही बार-बार 'दही लो' कहकर आँखों-आँखों में ही कुछ हँसी हूँ। वही मुसकान अब दुश्मन हो गई है, जिसमें रसखान के प्राण बसे हैं।

ग्वालिन द्वैक भुजान गहैं रसखानि कौं लाइ जसोमति पाहैं।
लूटत हैं कहैं ये बन मैं मन मैं कहैं ये सुख-लूट कहाँ हैं।।
अंग हि अंग ज्यौं-ज्यौं हि लगैं त्यौं-त्यौं हि अंग हि अंग समाहैं।
वे पछलैं उलटें पग एक तौ वै पछलैं उलटें पग जाहैं।।

ग्वालिनें दोनों भुजाओं में रसखान (श्रीकृष्ण) को भरकर यशोदा के पास ले गईं। और कहती हैं कि ये वन में हम लोगों को लूटते (परेशान करते) हैं। लेकिन मन-ही-मन कहती हैं कि यह सुख लूट कहाँ है? ज्यों-ज्यों अंग से अंग लगता है, त्यों-त्यों अंग-अंग में सुख भर जाता है। ये एक पग उलटे जाते हैं तो वे भी उनके साथ उलटे पग जाती हैं।

मोहन सों अटक्यौ मनु री कल जाते परै सोइ क्यौं न बतावै।
व्याकुलता निरखे बिन मूरति भागति भूख न भूषन भावै।।
देखे तें नेकु सम्हार रहै न तबै झुकि के लखि लोग लजावैं।
चैन नहीं रसखानि दुहूँ बिधि भूली सबै न कछू बनि आवै।।

मोहन से ही यह मन अटका हुआ है। कल जाते समय उन्होंने क्यों नहीं बताया। बिना वह मूरत देखे यह व्याकुलता नहीं जाएगी। भूख खत्म हो गई और भूषण (गहने) भी मन नहीं भाते। शरीर की सँभाल भी नहीं हो पांती और इस पर लोग भी शर्मिंदा करते हैं। हे रसखान! किसी भी प्रकार चैन नहीं है। अब कुछ समझ में नहीं आता।

भइ बावरी ढूँढ़ति वाहि तिया अरी लाल ही लाल भयौ कहा तेरो।
ग्रीवा ते छटि गयौ अबहीं रसखानि तज्यौ घर मारग हेरो।।
डरियै कहै माय हमारी बुरी हिय नेकु न सूनो सहै छिन मेरो।
काहे को खाइबो जाइबो है सजनी अनखाइबो सीस सहेरो।।

उन्हें ढूँढ़ते-ढूँढ़ते मैं पगली हो गई और तुम्हारे लाल का कहीं पता नहीं है। गले से तो अब आवाज भी मानो रूठ गई है। रसखान, घर का मार्ग भी छूट गया। मेरी माँ डरती है और कहती है कि हमें कोई बुरी नजर लग गई है। अब तो डाँट-फटकार खाकर भी मुझे उनके पास ही जाना है।

बागन में मुरली रसखान सुनि-सुनिके जिय रीझ पचैगो।
धीर समीर को नीर भरौं नहिं माइ झके औ बबा सकुचैगो।।
आली दुरेधे को चोटनि नैम कहौ अब कौन उपाय बचैगो।
जागबो भाँति कहाँ घर सों परसों वह रास परोस रचैगो।।

हे रसखान! मैं बागों में मुरली की धुन सुन-सुनकर मन में ही मोहित हो लूँगी। तेज पवन के कंपन के साथ पानी भरूँगी। न तो माँ से झक-झक (बकवास) करूँगी और न ही मेरे कारण पिता को कोई संकोच होगा। हे सखी! उस निर्लज्ज के प्रेम से चोटिल मन के लिए अब कौन सा मार्ग शेष बचा है। घर छोड़कर कहाँ जाऊँगी। वह तो परसों पड़ोस में रास रचा रहा था।

खेलिए फाग निसंक ह्वै आज मयंक मुखी कहे भाग हमारो।
तेहु गुलाल छुओ कर में पिचकारिन मैं रंग हिय मँह डारो।।

भावे सु मोहि करो रसखान जू पाँव परों जनि घूँघट टारो।
वीर की सौंह हौं देखि हौं कैसे अबीर तो आँखि बचाव के डारो।।

निडर होकर होली खेलो, सखी। चंद्रमुखी कहती है कि हमारा भाग्य धन्य है। तुम गुलाल हाथों में ले लो और पिचकारी में रंग भरकर हमारे हृदय तक को रँग दो। हे रसखान! जो मुझे अच्छा लगता है, वह करो। लेकिन तुम्हारे पैरों पड़ती हूँ, हमारा घूँघट मत हटाओ। तुम्हें भाई की सौगंध है, ऐसे मत देखो और अबीर तो आँख बचाकर डालो।

खेलतु फाग लख्यौ पिय प्यारी कों ता सुख की उपमा किहिं दीजै।
देखत ही बनि आवै भलै रसखान कहा है जो वारि न कीजै।।
ज्यौं-ज्यौं छबीली कहै पिचकारी लै एक लई यह दूसरी लीजै।
त्यौं-त्यौं छबीली छके छबि छाक सो हेरै हँसे न टरै खरौ भीजै।।

होली खेलते हुए प्रियतम के प्रियतमा को देखने के सुख की उपमा कैसे दी जाएगी? देखते हुए चाहे नयनों के बाण लगें, परंतु रसखान जो कहा है, वह कभी मत कीजिए। जैसे-जैसे चंचल नारी कहे, यह पिचकारी लो। यह दूसरी पिचकारी लो। वैसे-वैसे छबीला (चंचल पुरुष उपमा में श्रीकृष्ण) रूप के रस का पान करता हुआ भीगकर भी पीछे नहीं हटता है।

मिलि खेलत फाग बढ्यो अनुराग सुराग सनी सुख की रमके।
कर कुंकुम लै करि कंजमुखी प्रिय के दृग लावन कौं धमके।।
रसखानि गुलाल की धूँधर में ब्रजवालन की दुति यौं दमके।
मनौ सावन माँझ ललाई के माँझ चहूँ दिसि तें चपला चमके।।

मिल के होली खेलते हुए अनुराग बढ़ रहा है। प्रेम के सौंदर्य से दीप्त मुख पर सौंदर्य का सुख अठखेलियाँ कर रहा है। चंद्रमा के समान मुखवाली प्रिया हाथों में गुलाल लेकर प्रिय के चेहरे पर लगाने के लिए आई है। हे रसखान! गुलाल की धुंध में ब्रज-बालाओं का प्रकाश इस प्रकार चमक रहा है मानो सावन मास में शाम की लालिमा के मध्य चारों ओर बिजली चमक रही है।

कवित्त

केधों रसखान रसकोस दृग प्यास जानि
आनि के पियूष पूष कीनो बिधि चंद घर।
केधों मनि मानिक बैठारिबै को कंचन मैं
जरिया जोबन जिन गढ़िया सुघर घर।।
केधों काम कामना के राजत अधर चिह्न
केधों यह भौंर ज्ञान बोहित गुमान हर।
एरी मेरी प्यारी दुति कोटि रति रंभा की
वारि डारों तेहि चित चोरनि चिबुक पर।।

हे रसखान! आनंद निधि की प्यास को जानकर अमृत का घड़ा विधाता ने नंद के घर में रख दिया है। कभी मणि-माणिक्य को सोने में लगाने की इच्छा कर विधाता सुंदर यौवन को सुंदर घर देते हैं। कभी काम (प्रिय-मिलन) की कामना के होंठों के चिन्ह दिखाई पड़ते हैं तो कभी ये भौंहें नौका का गर्व हरण (खत्म) कर देती हैं। ऐसी ही मेरी प्रिय चमक, जो करोड़ों रंभाओं के समान है, उन्हें उन पर न्योछावर कर दूँ, जो सबके चित्त को चुराने वाले हैं।

सवैया

बासर तूँ जु कहूँ निकरै रबि को रथ माँझ अकास अरै री।
रैन यहै गति है रसखानि छपाकर आँगन तें न टरै री।।
द्यौस निस्वास चल्यौई करै निसि द्यौस की आसन पाय धरै री।
तेरो न जात कछू दिन राति बिचारे बटोही की बाट परै री।।

सूर्य के रथ के आकाश की परिधि में आने के साथ ही दिन की शुरुआत होती है। रात की यही स्थिति है कि चंद्रमा आँगन से हटता ही नहीं है। अपने निःश्वास से दिन-रात आँहें भरती हूँ, परंतु आसन (बिस्तर) पर पाँव नहीं जाता। तब भी न दिन बीतता है, न रात जाती है। बस, राही श्रीकृष्ण का रास्ता खोजते ही समय बीत जाता है।

जाको लसै मुख चंद समान कमानी सी भौंह गुमान हरै।
दीरघ नैन सरोजहुँ तैं मृग खंजन मीन की पाँत दरै।।
रसखान उरोज निहारत ही मुनि कौन समाधि न जाहि टरै।
जिहि नीके नवै कटि हार के भार सों तासों कहै सब काम करै।।

जिसका मुख चंद्रमा के समान और भौंहें कामदेव के समान हैं; जो स्वयं सौंदर्य के अभिमान को चूर्ण करनेवाला है; जिसके बड़े-बड़े नेत्र कमल के समान हैं; जो मृग के खंजन नयन के गर्व को समाप्त करनेवाला हैं। हे रसखान! देखते ही कौन मुनि है, जिसकी समाधि न टूटे? जिसका गला हार के भार से कटि (कमर) तक झुक जाता है, उस कोमलांगी से कौन काम (कार्य) करने के लिए कहेगा?

प्रेम कथानि की बात चलै चमके चित चंचलता चिनगारी।
लोचन बंक बिलोकनि लोलनि बोलनि मैं बतियाँ रसकारी।।
सोहैं तरंग अनंग को अंगनि कोमल यौं झमके झनकारी।
पूतरी खेलत ही पटकी रसखानि सु चौपर खेलत प्यारी।।

जब प्रेम-कथाओं की बात चलती है, तब मन में चंचलता की चिंगारी चमकने लगती है। उनका सुंदर नेत्रों से देखना अति प्रिय है। और बातें रस भरी हैं। जिसके अंगों में कामदेव की तरंगें सुशोभित हैं तथा कोमलता का अत्यंत माधुर्य भरा है। हे रसखान! उसके नेत्रों की पुतलियाँ नेत्रों में घूमते हुए ऐसी लगती हैं जिस प्रकार चौपड़ खेलते हुए प्रियतमा लगती है।

वारति जा पर ज्यौं न थके चहुँ ओर जितो नृपती धरती है।
मान सके धरती सों कहाँ जिहि रूप लखै रती-सी रती है।।
जा रसखान बिलोकन काज सदाई सदा हरती बरती है।
तौ लगि ता मन मोहन की अँखियाँ निसि द्यौस हहा करती है।।

चारों ओर की धरती जिसपर अपना संपूर्ण न्योछावर करते नहीं थकती। परंतु धरती के समर्पण से मान सकें, वे वैसे नहीं हैं। जिनका रूप देखकर रति मोहित हो जाती है, जिन्हें देखने के लिए संपूर्ण प्रकृति सदा

हरीतिमा धारण किए रहती है, उन्हीं मनमोहन के मोहक नेत्र सदा हँसते रहते हैं।

काहे कूँ जाति जसोमति के गृह पोच भली घर हूँ तो रई ही।
मानुष को डसिबौ अपुनो हँसिबौ यह बात उहाँ न नई ही।।
बैरिनि तौ दृग-कोरनि में रसखान जो बात भई न भई ही।
माखन सौ मन लै यह क्यों वह माखनचोर के ओर नई ही।।

तुम किसलिए यशोदा के घर जाती हो? कमजोर ही सही, परंतु मथनी तो घर में है। वहाँ हँस-हँसकर लोगों को वश में कर लेने की बात नई नहीं है। इसलिए माखन निकालने में मन लगाओ, माखनचोर से क्यों मन लगा रही हो?

गोरस गाँव ही मैं बिचिबो तचिबो नहीं नंद-मुखानल झारन।
गैल गहें चलियै रसखानि तौ पाप बिना डरियै किहि कारन।।
नाहिं री ना भटू, क्यों करि के बन पैठत पाइबी लाज सम्हारन।
कुंजनि नंदकुमार बसै तहाँ मार बसै कचनार की डारन।।

मैं तो दूध-दही गाँव में ही बेचूँगी, नंदलाल के मुख की ओर देखूँगी भी नहीं। रसखान गले लगाकर भले ही चलें, परंतु बिना कारण डरूँगी क्यों? न सखी न, क्यों व्यर्थ में वन में भेजती हो? मैं अपनी लाज सँभाल नहीं पाऊँगी। वहाँ कुंज में नंदकुमार रहते हैं, जो कचनार (फूल) की डालों से मार बैठते हैं।

मो हित तो हित है रसखान छिपाकर जानहिं जान अजानहिं।
सोउ चबाव चल्यौ चहुँधा चलि री चाल री खत तोहि निदानहिं।।
जो चहियै लहियै भरि चाहि हिये सहियै हित काज कहा नहिं।
जान दै सास रिसान दैं नंदहिं पानि दै मोहि तू कान दै तानहिं।।

मेरा हित किसमें है, यह तो छिपा नहीं है। सभी लोग यह बात जानते हैं। वही बात लोग धीरे-धीरे करते हैं, उसका कोई उपाय नहीं है। जो चाहे, ले लो और यह भार हृदय में मत रखो कि यह बात कही नहीं।

जाने दो सास को और ननद को पागल होने दो। तुम मुझे हाथ दो और मेरे कानों में अपना मधुर स्वर डाल दो।

फूलत फूल सबै बन बागन बोलत मोर बसंत के आवत।
कोयल की किलकार सुनै सब कंत विदेसन तें तब धावत।।
ऐसे कठोर महा रसखान जु नेकहु मोरी ये पीर न पावत।
हूक-सी सालत है हिय मैं जब बैरिन कोयल कूक सुनावत।।

वन-बाग में फूल खिल गए हैं। वसंत के आते ही मोर बोलने लगा है। कोयल की किलकारी सुनकर सभी के पति विदेश से घर आ रहे हैं। हे रसखान! मेरे प्रिय तो ऐसे कठोर हैं, जो मेरे हृदय के दर्द को नहीं समझ पाते। हृदय में कोई दर्द-सा चुभता है, जब कोयल अपना गीत सुनाती है।

बिरहा की जु आँच लगी तन में तब जाय परी जमुना जल में।
बिरहानल तैं जल सूखि गयौ मछली बहीं छाँड़ि गई तल में।।
जब रेत फटी रु पाताल गई तब सेस जर्‌यौ धरती तल में।
रसखान तबै इहि आँच मिटै जब आय के श्याम लगैं गल में।।

विरह की जो आँच शरीर में लगी, तब जाकर यमुना-जल में कूद पड़ी। परंतु विरह की अग्नि में यमुना का सारा पानी सूख गया। बस, तली में मछलियाँ भर रह गईं। तब शेषनाग भी पाताल-लोक में ही जल गए। हे रसखान! यह अग्नि तभी बुझ सकेगी, जब प्रियतम श्रीकृष्ण आकर गले लग जाएँ।

आए कहा करि के कहिए वृषभान लली सों लला दृग जोरत।
ता दिन सों अँसुवान की धार रुकी नहिं जद्यपि लोग निहोरत।।
बेगि चलो रसखान बलाइ लौं क्यों अभिमानन भौंह मरोरत।
प्यारे! पुरंदर होय न प्यारी अबै पल आधिक में ब्रज बोरत।।

किसी ने आकर श्रीराधिका से कह दिया कि श्रीकृष्ण किसी और से अपनी निगाहें जोड़ रहे हैं। उसी दिन से आँसुओं की धार रुकी नहीं; जबकि लोग निवेदन कर रहे हैं। जरा तेज चलो रसखान, मैं उनकी बलैया

लूँ कि क्यों वे अभिमान से अपनी भौंहें टेढ़ी कर रहे हैं? यदि प्यारे श्रीकृष्ण राधिका-प्रिय नहीं होते तो अभी पल भर में मैं ब्रज को डुबो देता।

गोकुल के बिछुरे को सखी दुख प्रान ते नेकु गयौ नहीं काढ़्यौ।
सो फिर कोस हजार तें आय के रूप दिखाय दहे पर दाह्यौ।।
सो फिर द्वारिका ओर चले रसखान है सोच यहे जिय गाढ़्यौ।
कौन उपाय किये करि हैं ब्रज में बिरहा कुरुखेत को बाढ़्यौ।।

सखीः यही दुःख है कि गोकुल के बिछुड़नेवाले प्राणों को भी अपने साथ नहीं ले गए। और फिर हजार कोस से आकर अपना रूप दिखाकर जले पर जलाते हैं। वही फिर द्वारिका की ओर चले, परंतु मन में यही गहरी सोच है कि क्या उपाय करूँ? ब्रज में तो विरह का कुरुक्षेत्र बढ़ता जा रहा है।

गोकुल नाथ बियोग प्रलै जिमि गोपिन नंद जसोमति जू पर।
बाहि गयौ अँसुवान प्रवाह भयौ जल में ब्रजलोक तिहू पर।।
तीरथराज सी राधिका प्रान सु तो रसखान मनौं ब्रज भू पर।
पूरन ब्रह्म है ध्यान रह्यौ पिय औधि अखैबट पात के ऊपर।।

गोकुलनाथ (श्रीकृष्ण) का वियोग तो प्रलय के समान है, जिस प्रकार गोपियों, नंद तथा यशोदाजी पर पड़ा है। आँसुओं की इतनी धारा बह गई कि ब्रज की भूमि पर चारों ओर जल-ही-जल दिखाई देता है। श्रीराधिका के रूप में तो मानो ब्रजभूमि पर स्वयं तीर्थराज ही उतर आए हैं। वे परब्रह्म हैं, इसलिए सखी ध्यान रहे कि उनकी अवधि (आने के लिए दिया गया समय) अक्षय वट पर (एक ऐसा वृक्ष, जिसका क्षय नहीं होता) रखी हुई वस्तु के समान है।

ए सजनी जब तें मैं सुनी मथुरा नगरी बरषा रितु आई।
लै रसखान सनेह कीताननि कोकिल मोर मलार मचाई।।
साँझ ते भोर लौं भोर तें साँझ लौं गोपिन चातक ज्यौं रट लाई।
एरी सखी कहिये तो कहाँ लगि बैरी अहीर ने पीर न पाई।।

हे प्रिये! जब से मैंने सुना है कि गोकुल में वर्षा ऋतु आई है, प्रेम की वाणी से मुग्ध होकर कोयल सुंदर गीत आने लगी है। शाम से भोर तक और भोर से शाम तक गोपियाँ चातक पक्षी के समान एक ही रट लगाती हैं कि हे सखी! कहाँ तक साँवला प्रियतम हमारा दर्द नहीं समझता।

मग हेरत धूँधरे नैन भए रसना रट वा गुन गावन की।
अँगुरी गनि हार थकी सजनी सगुनौती चलै नहिं पावन की।।
पथिकौ कोउ ऐसो जु नाहिं कहै सुधि है रसखान के आवन की।
मनभावन आवन सावन में कही औधि करी डग बावन की।।

हे सखी! उनका रास्ता देखते-देखते आँखें धुँधला गईं तथा जिह्वा उनके गुण गा-गाकर थक चुकी हैं। ये उँगलियाँ प्रिय शुभ शगुन गिन-गिनकर हार चुकी हैं कि वे चले कि नहीं। कोई पथिक (राही) भी ऐसा नहीं है, जो उनके आने की खबर दे सके। मेरे मनभावन (प्रिय) ने आने की अवधि (समय) देकर कहीं अपना डग बौने-सा तो नहीं कर लिया।

वा रसखानि गुनौं सुनि के हियरा सत टूक ह्वै फाटि गयौ है।
जानति हैं न कछू हम ह्याँ उन वाँ पढ़ि मंत्र कहा धौं दयौ है।।
साँची कहैं जिय मैं निज जानि के जानति हैं जस जैसो लयौ है।
लोग लुगाई सबै ब्रज माँहि कहैं हरि चेरी को चेरो भयौ है।।

हे रसखान! उनके गुणों को सुनकर हृदय सात टुकड़े होकर फट गया है। हम यहाँ कुछ नहीं जानतीं कि उन पर न जाने क्या मंत्र पढ़कर रख दिया गया है। हृदय से अपना जानकर तुमसे सच कहूँ कि जानती हूँ कि वह किस प्रकार का यश ले रहे हैं। सभी लोग कहते फिर रहे हैं कि प्रभु दासी के दास हो गए हैं।

जोग सिखावत आवत है वह कौन कहावत को है कहाँ को।
जानति हैं बर नागर है पर नेकहु भेद लख्यौ नहिं ह्याँ को।।

जानति ना हम और कछू मुख देखि जियैं नित नंदलला को।
जात नहीं रसखानि हमैं तजि राखनहारी है मोरपखा को।।

जोग सिखाने आया है, वह कौन है? क्या नाम है? कहाँ रहता है? जानती हूँ कि वह श्रेष्ठ जानकार है, परंतु वह यहाँ का गुप्त भेद नहीं जानता। हम तो कुछ और जानतीं ही नहीं, बस जीवित हैं तो नंदलाल का मुख देखकर। हमें छोड़कर रसखान, कह दो कि वह कहीं और चला जाए। हम लोगों के मोरपंख धारण करनेवाले ही रक्षा करनेवाले हैं।

अंजन मंजन त्यागौ अली अँग धारि भभूत करौ अनुरागै।
आपुन भाग कर्यौ सजनी इन बावरे ऊधो जू को कहाँ लागै।।
चाहै सो और सबै करियै जु कहै रसखान सयानप आगै।
जो मन मोहन ऐसी बसी तो सबै री कहौ मुख गोरस जागै।।

हे सखी! अब अपना श्रृंगार त्याग दो तथा अपने अंगों में भभूत धारण कर लो। हे सखी! तू अपने मन की कर। इस उद्धव को कहाँ और क्या पता है? चाहे जो करो, सब करो, लेकिन बुद्धिमानी से पहले सोच लो। सबके मन में श्रीकृष्ण बसे हैं; सबका हृदय उनके गोरस लगे मुख पर आश्रित है।

आजु सँवारति नेक भटू तन मंद करी रति की दुति लाजै।
देखत रीझि रहे रसखानि सुओर कहा विधि ना उपराजै।।
आए हैं न्यौते तरैयन के मनौ संग पतंग पतंगज राजै।
ऐसे सखी मुख बागन में तिल तेरे तरोना के तीर बिराजै।।

आज प्रियतमा सखी अपने को सँवार रही है। उसके शरीर की कांति ऐसी लग रही है मानो रति के सौंदर्य को भी लज्जित कर रही है। यह देखकर रसखान प्रेमासक्त हो रहे हैं और कह रहे हैं कि विधाता ने और कहीं ऐसा पैदा नहीं किया है। उनका दीप्त मुख मानो पतंगों को

दावत देता लग रहा है। सखी! उस मुख-कमल रूपी बागों में गालों पर तिल किसी तीर की भाँति लग रहा है।

कवित्त

छूट्यौं गृह काज लोक-लाज मनमोहन के
भूल्यौ मनमोहन कौ मुरली बजाइबो।
अब ही दिन द्वै मैं रसखानि बात फैलि जैहै
सजनी कहा लौं चंद हाथन दुराइबो।।
कलि ही कलिंदी तीर चितयौ अचानक ही
दो उनकौ दोउन ओर मुरि मुसिक्याइबो।
दोऊ परैं पैयाँ दोऊ लेत हैं बलैयाँ
उन्हें भूलि गयीं गैयाँ उन्हें गागर उठाइबो।।

हमारा घर का कामकाज छूट गया तथा मनमोहन की लोक-लाज छूट गई। मनमोहन मुरली बजाने में सबकुछ भूल गया। अभी दो-चार दिन में हे रसखान, चारों ओर यह बात फैल जाएगी। हे प्रिय! कहाँ तक अपने हाथों को दूर रखोगी? कल ही उन्होंने यमुना के तट पर देखा; दोनों ओर से मुसकान का तीर चला। दोनों एक-दूसरे के पाँव पड़े तथा दोनों ने एक-दूसरे की बलैयाँ लीं। वे अपनी गायें भूल गए और वे अपनी गागर उठाना।

सवैया

अति लाल गुलालहु फूलतैं फूल अली अलि कुंतल राजत हैं।
मुकता के कदंब के अंब के मौर सुने सुर कोकिल लाजत हैं।।
मखतूल समान के गुंज छरानन किंसुक की छबि छाजत हैं।
यह आपन प्यारी जू की रसखानि बसंत सी आजु विराजत हैं।।

अत्यंत ही लाल गुलाब के फूल के समान श्रेष्ठ कुंडल कानों में सुशोभित हैं। कदंब की डाल पर बैठकर बाँसुरी बजाने की ध्वनि सुनकर आमों के बौर के बीच में छिपकर बोलती कोयल की आवाज भी शर्मिंदा

हो जाती है। भौरों के भँवर के समान सुंदर लटों का गुण तथा बाजूबंद की छवि अत्यंत शोभा दे रही है। यह अपनी प्यारी राधा आज वसंत की भाँति विराजमान है।

घर हीं घर घेरु घना घरिही घरिहाइनि आगें न साँस भरौं।
लखि मेरियै ओर रिसाहिं सबै सतराहिं जौ सौंहें अनेक करौं।।
रसखानि तो काज सबै ब्रज तौ मेरो बैरी भयो अब कासों लरौं।
बिनु देखे न क्यों हूँ निमेषै लगैं तेरे लेखें न हूँ या परेखें मरौं।।

घर में ही घनघोर घटाओं का दृश्य घिर आया है। घर के आगे खड़ी होकर यूँ साँसें न लो। मेरी ओर देखकर सभी नाराज होते हैं और अकड़ते हैं। अतः तुम्हें जो अच्छा लगे, वही करो। हे रसखान! बिना कारण सारा ब्रज मेरा दुश्मन हो गया है। अब किस-किससे लड़ूँ? बिना उन्हें (श्रीकृष्ण) को देखे पल भर भी नहीं बीतता है। मन होता है कि मैं मर जाऊँ।

कवित्त

कदंब करीर तीर पूछत अधीर गोपी
आनन रुखौंहों रोय रोई भरौ हौं सौं।
चोर हौ हमारौ प्रेम चोंतरा में हार्‌यौ
भइरान तैं निकसि भाज्यौ ह्वै कर लजौंहौं सौं।।
ऐसो रूप ऐसो बेस हमें हूँ दिखैयौ
देखि-देखत ही रसखान नैनन चुभौ हौं सौं।
मुकुट लुकौहौं हार हियरा सरौहौं कटि
फेंटा पियरौहौं अंग अंग साँवरो हौं सौं।।

यमुना के तट पर कदंब के पेड़ों से गोपी व्याकुल होकर पूछती है। मुख रो-रोकर आँसुओं से भर गया है। वह कहती है कि हे कदंब! हमारा चित्तचोर कहाँ है? मैं प्रेम की चतुराई में हार गई हूँ। ऐसा रूप और ऐसा वेश उन्होंने हमें दिखाया कि देखते-देखते ही वह आँखों में गड़ गया।

उसका मुकुट अब हृदय का हार बन गया है तथा पीले रंग का फेंटा धारण किए वह साँवला रंग अंग-अंग में समा गया है।

सवैया

सास की सासन ही चलिबौ चलियै निसि द्यौस चलावै जिंही ढँग।
आली चबाव लुगाइन केर जातन ये ननदी ननदौ सँग।।
भावती औ अनभावती भीर मैं छ्वै न गयौ कबहूँ अँग सो अँग।
बैर करैं घर ही में तबै रसखानि सौं मोसों कहा भयो रँग।।

अब मैं सास के अनुशासन में चलूँगी; अब प्रतिदिन वे जिस तरह से चलाएँगे, उसी तरह से रहूँगी। हे सखी! स्त्री के लिए यही उत्तम है कि वह ननद के साथ रहे। प्रिय और अप्रिय की चिंता में अंगों को बोझ क्यों दें? यदि घर में ही दुश्मनी करें रसखान, तो फिर किसी राग-रंग का क्या अर्थ है?

साँझ समैं जिहिं देखत ही तिहि पेखन कौ मन यौं ललके री।
ऊँचे अटान चढ़ी ब्रज बाल सलाज सनेह दुरै उझके री।।
गोधन धूर की धूँधरी में तिनकी छबि यौं रसखान तकें री।
पावक के गिरि तैं बुझि मानो धुवाँ लपटैं लपटैं लपकें री।।

शाम के समय जिन्हें देखकर उनसे मिलने के लिए जी ललचा जाता है। ऊँची अटारी (महल) पर चढ़ी ब्रज की गोपियाँ सलज्ज प्रेम से उचक-उचक कर देखती हैं। गोधन (गाय-बछड़ों) के खुरों से उठी धूल में श्रीकृष्ण की सूरत उसी प्रकार देखती हैं मानो अग्नि के पहाड़ से उठती उसकी लपटें धुएँ के बीच में दिखाई पड़ती हैं।

मोतिन माल बनी लटकें लटकी लट औ लट घूँघरवारी।
अंगनि अंग जराइ कसै धरु सीस लसै पगिया जरतारी।।
पूरब पूरे ही पुन्यन तें रसखानि जो मूरति आनि निहारी।
चार्‌यौ दिसा के महाअघ हाँके झरौंखा तैं झाँके हैं बाँकेबिहारी।।

मोतियों की माला गले में लटकी है और घुँघराली लटें माथे पर लटक रही हैं। अंग-अंग में जरीदार रेशमी वस्त्र कसा हुआ है और माथे पर सुंदर जरी की पगड़ी शोभायमान है। पूर्व जन्म का कोई पुण्य ही है, जो इस सुंदर स्वरूप को देखते हैं। चारों दिशाओं के दिशापति झाँककर देखते हैं, जब झरोखे से बाँके बिहारी झाँकते हैं।

वह घेरनि धेनु अबेर सबेर न फेरन लाल लकुट्टन की।
वह तीछन चच्छु कटाछन की छवि मोरन भौंह भृकुट्टन की।।
वह लाल की चाल चुभी चित मैं रसखान संगीत-उघट्टन की।
वह पीत पटक्कन की चटकानि लटक्कन मोर मुकुट्टनि की।।

वह देर-सबेर गायों को घेरकर हाँक लगाना और लाल (श्रीकृष्ण) के बुलाने पर गायों का न आना। वह तीक्ष्ण नेत्रों के कटाक्ष तथा भौंहों को मोड़ना। वह श्रीकृष्ण की बाँकी चाल मन में चुभ (गड़) गई तथा सभी संगीत (सुख) खत्म हो गए। अब तो बस वही पीले वस्त्रों की चटक तथा मोर-मुकुट की लटक याद है।

मैन मनोहर बैन बड़े सखि सैननहीं मन मेरो हर्‌यौ है।
गेह कौ काज तज्यौ रसखानि हियैं ब्रजराज कुँवार अर्‌यौ है।।
आसन बासन सास के त्रासन माने न साँसन रंग भर्‌यौ है।
नैननि बंक बिसाल की जोहनि मत्त महा मनमत्त कर्‌यौ है।।

सखी! वे बहुत मनोहर वाणी वाले हैं। उन्होंने इशारों में ही हमारा चित्त हरण कर लिया है। घर का कार्य तो छूट गया है। रसखान, अब तो हृदय में ब्रजराज श्रीकृष्ण बसे हैं। सोना, खाना, सास की ताड़ना सब व्यर्थ हो गए हैं। अब तो साँसों में रंग भर गया है। विशाल नेत्रों की तिरछी चितवन ने मुझे महामत्त (प्रेम के प्रभाव में अपने आपको भूल जाने की दशा) कर दिया है।

बाँकी मरोर गही भृकुटीन लगी अँखियाँ तिरछान तिया की।
टाँक-सी लाँक भई रसखान सुदामिनि तें दुति दूनी हिया की।।
सोहैं तरंग अनंग की अंगनि ओप उरोज उठी छतिया की।
जोबन जोति सों यौं दमकें उसकाइ दई मनो बाती दिया की।।

उनकी भौंहों की बाँकी चितवन गोपी के तिरछे नयनों के सौंदर्य को और भी बढ़ा देती है। हे रसखान! उस परमप्रिया की छवि वस्त्रों में टंकित मणियों से दूनी हो गई है। उसके अंगों में कामदेव की तरंग सुशोभित होने लगती है, जब छाती साँस लेने के साथ उठती-गिरती है। उसकी यौवन-ज्योति उसी प्रकार चमकती है जिस प्रकार बुझते दीपक की बाती उकसा दी गई हो।

देखत सेज बिछी ही अछी विष सौ भिदगौ सगरे सगरे तन।
ऐसी अचेत गिरी नहि चेत उपाइ करै सगरी सजनी गन।।
बोली सयानी सी रसखानि बचैं यौं सुनाइ कह्यौ जुबती जन।
देखन कौं चलियै री चलौ सब रास रच्यौं मनमोहन जू वन।।

बिस्तर को बिछा देखना भी अच्छा नहीं लगता है। जहर-सा सारे शरीर में बस गया है। वह (राधा) ऐसे बेहोश होकर गिरी कि उसे होश नहीं आता, जबकि सखियाँ सारे उपाय करती हैं। रसखान! उसमें से एक बुद्धिमती सखी उसे सुनाकर बोली, 'चलो रे चलो, सब देखते चलो। आज मनमोहन मधुबन में रास रचा रहे हैं।'

बात चलै चमके दुति दीपत चंचित चंचिलता चिनगारी।
लोचन बंक बिलोकनि लोलनि बोलनि में बतिया रसकारी।।
सौंहैं तरंग अनंग की अंगनि कोमल यों सुमकी सनकारी।
पूतरी खोलत ही पट की रसखानि सु चौपरि खेलत प्यारी।।

बात करने पर उनकी दंत-पंक्तियाँ चंचल होकर चिंगारी के समान चमकने लगती हैं। तिरछी नजरों से देखना अत्यंत ही लालित्यमय है तथा बातें रसमय हैं। उनके कोमल अंगों में कामदेव की छवि शोभित है। आँखें

खोलने पर ऐसा लगता है मानो पुतलियाँ नेत्रों के मध्य चौपड़ खेल रही हैं।

जो कबहूँ मग पाँव न देति सुतौ हित लालन आपुन गौने।
मेरौ कह्यौ करि मान तज्यौ कहि मोहन सों बोलौ बोल सलौने।।
सौंह दिबावत हौं रसखानि तूँ सौंहैं करे किन लाखन लौने।
अनौखी तू मानिनी मान कर्‌यो किन मान बसंत में कीनौ है कौने।।

जो (राधा) कभी रास्ते में पाँव तक नहीं रखती हैं जबकि नंदलाल उनके हित के लिए स्वयं ही उन्हें खोजते रहते हैं। मेरी बात मानो और अभिमान छोड़कर मोहन से प्रिय बोली, तू भी एक अनोखी मानिनी है सखी, भला बसंत में भी कोई रूठता है!

मैन मनोहर री दुखदंदन है सुखकंदन नंद कौ नंदा।
बंक बिलोकनि की अवलोकनि है दुखमोचन प्रेम कौ फंदा।।
जाकौ लसै मुख रूप-अनूपम होत पराजय कोटिक चंदा।
हौं रसखानि बिकाइ गई नहिं मोल लई सजनी सुखकंदा।।

उनका मनोहर मुख दुःख तो देता है, परंतु नंदलाल तो सुख को उत्पन्न करनेवाले हैं। उनका तिरछी नजरों से देखना और यह प्रेम का फंदा तो दुःखों का हरण करनेवाला है। जिनके अद्‌भुत व अनुपम रूप को देखकर करोड़ों चंद्रमा भी हार जाते हैं, मैं उस सुख की खान से बिना मोल बिक गई सखी।

प्यारी के चारु सिंगारु तरंगनि जाइ लगी रति की दुति कूलनि।
जोबन जेब कहा कहिए उपजै छबि मंजु अनेक दुकूलनि।।
कंचुकी सेत में जावक बिन्दु बिलोकि मरैं मधवानि की सूलनि।
पूजे है आजु मनौ रसखानि सु भूत के भूप बँधूक के फूलनि।।

प्रियतमा के अनुपम श्रृंगार की तरंग को क्या कहें, जो रति के सौंदर्य को भी सीमित कर देती है। उनके यौवन के माधुर्य को क्या कहें जो वस्त्रों के मध्य से अनेक प्रकार का दृश्य उपस्थित करते हैं। कंचुकी

में उभरे बिंदु को देखकर लोग उसी प्रकार मर जाते हैं, जिस प्रकार इंद्र के शूल से मरते हैं। मानो आज रसखान राजा के पूर्व जन्मों का पुण्य ही उदय हुआ है।

मोरपखा धरैं चारिक चारु बिराजत कोटि अमेठिनि फेंटौ।
गुंज छरा रसखान बिसाल अनंग लज्यावत अंग करेटौ।।
ऊँचे अटा चढ़ि एँड़ी उचाइ हियौ हुलसाइ कें हौंस लपेटौ।
हौं कब के लखि हौं भरि आँखिन आवत गोधन धूरि धुरेटौ।।

मोर पंखों का सुंदर मुकुट धारण किए, कमर में फेंटा बाँधे, गले की शोभा कामदेव के अंगों की शोभा को लज्जा में डाल दे, ऐसे श्रीकृष्ण को देखने के लिए ऊँचे महलों पर चढ़कर गोपियाँ कब से खड़ी हैं कि कब कान्हा गोधन की धूल में लिपटे हुए आएँगे और वे उन्हें आँख भर देखें।

वह देखि धतूरे के पात चबात औ गाति सौं धूरि लगावतु है।
चहुँ ओर जटा लटकें अति के फनि सैक फनी फहरावतु है।।
रसखानि जेई चितवें चितु दै तिनके दुख दंद भजावतु है।
गज खाल कपाल की माल विसाल सो गाल बजावतु आवतु है।।

मैंने उन्हें धतूरे का पत्ता चबाते हुए और संपूर्ण शरीर में धूल लगाते हुए देखा है। चारों ओर जटाएँ लटकी हैं तथा सर्पों का फन फहरा रहा है। हे रसखान! जो अपना मन लगाकर इनका ध्यान करता है, उसका दुःख-दारिद्र्य भगा देते हैं। बाघंबर पहने तथा मुंडमाला धारण किए वे भयंकर स्वर करते आते हैं।

कीजै कहा जु पै लोग चबाव सदा करिबौ करिहैं ब्रजमारौ।
सील न लोकत राखै न लाजु सुगावत ताहि री गावनहारौ।।
आउ री सीरी करैं अँखियाँ रसखानि धनै धनि भाग हमारौ।
आवतु है फिरि आजु बन्यौ वह राति के रास कौ नाचनहारौ।।

लोगों का कहा करने से क्या लाभ? बस, हमेशा वही करो, जो ब्रजनाथ कहें। शील और लोक-लाज सभी उसी बाँसुरीवाले के हाथ में है। आओ सखी! अपनी आँखों को ठंडक दें। हमारा तो भाग्य ही धन्य हो गया। आज फिर वही आ रहा है ब्रज में बाँसुरी बजाकर रास रचानेवाला।

लाल की आज छठी ब्रज लोग अनंदित नंद बड़्यौ अन्हबावत।
चाइन चारु बधाइन लै चहुँ ओर कुटुंब अघात न गावत।।
नाचत बाल बड़े रसखानि छके हित काहु के लाज न आवत।
तैसोई मात पिताउ लह्यौ उलह्यौ कुलही कुलही पहिरावत।।

आज नंदलाल की छठी (पैदा होने के छह दिन के बाद की पूजा) है। ब्रज के लोग आनंद मना रहे हैं। सुंदर बधाइयाँ गानेवालीं बधाई ले रही हैं। चारों ओर घर के लोग सोहर गाते संतुष्ट नहीं होते। बालक तथा बूढ़े सभी नृत्य कर रहे हैं। किसी को शर्म नहीं आती। जो लोग माता-पिता हैं, सभी कुलही (एक प्रकार की टोपी) पहनाते हैं।

श्रीमुख यौं न बखान सकै वृषभान सुता जु को रूप उजारौ।
है रसखानि तू ज्ञान सँभारत नैन निहार जु रीझनहारौ।।
चारु सिंदूर को लाल रसाल लसै ब्रजबाल कौ भाल टिकारौ।
गोद में मानो बिराजतु है घनश्याम के सारे कौ सारे कौ सारौ।।

अपने श्रीमुख से माँ सरस्वती भी श्रीराधिका के रूप का वर्णन नहीं कर सकतीं। हे रसखान! जो रीझनेवाले हैं, उनके नैनों को देखते हैं। सुंदर सिंदूर की लालिमा ब्रजबाला के माथे पर शोभित है। उनकी गोद में मानो सृष्टि अपनी संपूर्ण कलाओं के साथ वास कर रही है।

सोरठा

प्रीतम नंद किशोर, जा दिन तें नैननि लग्यौ।
मन पावन चितचोर, पत्रक ओट नहिं सहि सकौं।।

प्रियतम नंदकिशोर (श्रीकृष्ण) से जिस दिन से नजरें लगी हैं, मान पावन हो गया है। अब तो मन चित्त-चोर को पत्तों की ओट में भी नहीं बरदाश्त कर पाता है अर्थात् उन्हें संपूर्ण रूप से देखना चाहता है।

दोहा

बिमल रसल रसखान मिलि, भई सकल रसखान।
सोई नव रसखान को, चित चातक रसखान।।

विमल (पवित्र) रस और रसखान मिलकर संपूर्ण रसखान हो गए। उस नए रसखान का चित्त चातक की भाँति हो गया है (जो अपने प्रियतम को पुकारता ही रहता है)।

सरस नेह लवलीन नव, द्वै सुजान रसखानि।
ताके आस बिसास सों, पगे प्रान रस पानि।।

जो हमेशा सरस नेह (भक्तिपूर्ण प्रेम) में लवलीन (मस्त) है रसखान, वही ज्ञानी है। उसकी आशा और विश्वास में प्राणों का रस बहता है, अर्थात् जीवंत रहता है।

बंक बिलोकनि हँसनि मुरि, मधुर बैन रसखानि।
मिले रसिक रसराज दोउ, हरखि हिए रसखानि।।

तिरछी नजरों से देखकर हँसते हैं, फिर मधुर वाणी बोलते हैं। रसिक और रसराज (आत्मा और परमात्मा) दोनों ही मिलते हैं। तब रसखान के हृदय में प्रसन्नता होती है।

या छवि पै रसखान अब, बारौं कोटि मनोज।
जाकी उपमा कविन नहिं, पाइ रहे कहुँ खोज।।

उस सुंदर छवि पर करोड़ों कामदेव न्योछावर कर दूँ, जिसकी उपमा कवि लोग कहीं भी खोज नहीं पाते।

नैन दलालनि चौहटें, मन मानिक पिय हाथ।
रसखाँ ढोल बजाइके, बेच्यौ हिय जिय साथ।।

नैनों की दलाली रखकर, मन के माणिक्य को हाथ में रखकर मैं रसखान ढोल बजाकर मन और प्राण एक साथ बेच रहा हूँ–अर्थात् नैनों से अपने प्रियतम को अपने भाव, मन और प्राण सहित अर्पित कर रहा हूँ।

□□□